Construir a partir de Bion

Cambio catastrófico, conflicto y crecimiento

Lia Pistiner de Cortiñas

Construir a partir de Bion

Cambio catastrófico, conflicto y crecimiento

Lia Pistiner de Cortiñas

Primera edición

ediciones BIEBEL

Pistiner de Cortiñas, Lia
Construir a partir de Bion: Cambio catastrófico, conflicto y crecimiento / Lia Pistiner de Cortiñas. - 1a ed. - Ciudad Autónoma de Buenos Aires : Biebel, 2025.
154 p. ; 21 x 14 cm.

ISBN 978-631-6627-15-5

1. Psicoanálisis. 2. Teorías Psicoanalíticas. 3. Clínica Psicoanalítica. I. Título.
CDD 150.195

Ediciones BIEBEL
José Juan Biedma 1005 • (C1405ASM) Ciudad Autónoma de Buenos Aires,
Tel. (54-11) 4582-3878
www.edicionesbiebel.com.ar
info@edicionesbiebel.com.ar / edicionesbiebelprensa@gmail.com

La imagen de tapa pertenece a Jorge Cortiñas

Diseño y armado de tapa: Ramiro Pazo
Diseño de páginas: Cálamus

ISBN PRINT: 978-631-6627-15-5
ISBN EBOOK: 978-631-6627-16-2

Se han efectuado los depósitos de ley 11.723

LIBRO DE EDICIÓN ARGENTINA

Índice

Introducción

El título de este libro contiene la intención de relacionar las ideas que Bion desarrolló a lo largo de su extensa obra poniendo el acento en la evolución de su pensamiento desde *Aprender de la experiencia hacia el crecimiento mental.* En este desarrollo me propongo incluir algunas de sus ideas más significativas: 1) Cambio catastrófico, conflicto y crecimiento; 2) Funcionamientos psicótico y no psicótico e instituciones; 3) Místico, grupo y Establishment, 4) Crecimiento mental.

El primer libro de Bion fue *Experiencias en grupos*, de 1961. Francesca, su esposa, comenta que resultó ser su libro más exitoso en términos de ejemplares vendidos y que su éxito lo sorprendió, sobre todo porque estaba acostumbrado a que en esos años los editores le dijeran que sus libros se vendían "muy, muy lentamente".

Las ideas desarrolladas en la investigación de grupos se unieron en Bion con sus observaciones como *psicoanalista*, lo que dio lugar a profundos desarrollos que están esperando nuevas evoluciones.

Freud nos abrió la posibilidad de pensar en la coexistencia en la misma personalidad de varios modos de funcionamiento: consciente, preconsciente, inconsciente – ello, yo, superyó. Estamos tan acostumbrados ya a estas ideas que no nos asombramos. Bion, uno de cuyos talentos fue una enorme capacidad de observación, unió sus vivencias como oficial del ejército durante la primera guerra mundial con sus experiencias con grupos terapéuticos para diferenciar distintos modos de funcionamiento que coexisten en los grupos. Los caracterizó como: *Funcionamientos de Supuestos Básicos* (SB) y *Funcionamientos de grupo de trabajo.* Estas ideas las encontramos en su libro *Experiencias en grupos*. Asombra aún hoy su capacidad de observar sin preconceptos y la originalidad de las conceptualizaciones de entonces, que perduran de un modo fecundo hasta la actualidad.

El estilo en que está escrito de apertura, de no saturación, abre un espacio para que el lector atraviese en profundidad la experiencia de no comprender, de dudas, misterios e incertidumbres y lo lleva a la imposibilidad de encerrar las ideas en prolijos casilleros de comprensión. Pone el acento en lo que hoy los analistas hemos aprendido: tenemos que poder tolerar los momentos de no comprensión. Podemos decir que sus tan conocidas frases "sin memoria, sin deseo, sin entendimiento" complementa la "atención flotante" que Freud concibió para la técnica analítica y que todo analista sabe que requiere una cierta disciplina, ya que existen también nuestras contra-resistencias. Este es también el modelo de funcionamiento para el analista, que puede describirse como el estado mental que necesita desarrollar, que además de la atención flotante requiere de una disciplina para no apelar resistencialmente a los recuerdos, al deseo que el paciente evolucione en el sentido de un desarrollo mental, y que renuncie a querer entender; es decir, que tolere el no entender lo que subyace al material del paciente, hasta que surja el Hecho Seleccionado (Poincaré[1]) que permita acceder al significado psicoanalítico de lo que el paciente está desarrollando.

En este libro me propongo esbozar algunas de las puntas que Bion dejó abiertas. Una está referida a la sugerencia que para in-

---

1 H. Poincaré desarrolló la idea de que frente a un conjunto de hechos que parecen dispersos, puede encontrarse un *hecho seleccionado* que armonice esos distintos hechos. Esta concepción inspiró a Bion para utilizar las posiciones kleinianas como una función mental para tolerar lo que parece estar disperso en el material del paciente hasta encontrar el hecho armonizador que a su vez no quede cristalizado, sino que pueda abrirse a nuevas experiencias. Bion lo formuló como PS $\leftrightarrow$ D, siendo PD la posición esquizoparanoide y D la posición depresiva.

vestigar en psicoanálisis y en los funcionamientos humanos, grupales, institucionales, sociales, hace falta desarrollar una *ciencia de las relaciones*. El objeto de investigación de esta ciencia es un objeto animado, no sensorial y que cambia al ser investigado. También cambia al investigador que participa de la observación.[2]

La segunda punta está referida a los métodos que propuso para la investigación de la relación; *visión binocular*, cambio alternativo de distintos focos como en un microscopio, observación y correlación de lo observado desde múltiples vértices, *perspectiva reversible*, son algunos de los nombres que dio a los métodos propuestos. El vértice macroscópico de la observación de los grupos puede correlacionarse y complementarse con el vértice microscópico de la investigación psicoanalítica: la práctica psicoanalítica y la noción de transferencia-contratransferencia se enriquece con el aporte de la observación de la poderosa red relacional de identificaciones proyectivas operantes en los grupos y de las evidencias de funcionamientos grupales dentro de la personalidad (ya que somos

---

2 Hasta 1900 y hasta Planck, para la física clásica el universo era una máquina bien determinada: si antes el universo era concebido como un reloj, hoy debemos considerarlo un delfín, con sus movimientos y salidas impredecibles. La teoría de los cuantas (o teoría cuántica) señala la fecha del nacimiento de una revolución. Las nuevas visiones conceptuales proporcionadas por los cuantas *señalan el cambio de la interpretación física de la realidad* elaborada por Newton con sus ecuaciones potentes y duraderas. Irrumpen conceptos que parecen *opuestos a la realidad macroscópica percibida por nuestros sentidos*: la nueva física subvierte el papel asignado al tiempo y al espacio, creando una estructura indivisible, el espacio-tiempo; la indeterminación, propia de la física cuántica, hace posibles –y por lo tanto "reales"– procesos tales como la coexistencia simultánea de una entidad en estados físicos diversos, como la luz que es al mismo tiempo onda y corpúsculo. Se afirma además que la misma observación de un fenómeno submicroscópico produce cambios, por lo cual solo es posible evaluar o la posición o la velocidad de una partícula, pero no ambos parámetros simultáneamente.

animales de manada), las investigaciones en grupos con el hilado fino del psicoanálisis. Encontrar el hecho seleccionado, nombrar la conjunción constante que el hecho seleccionado liga, son algunos otros de los métodos para la investigación. La noción de cesura del "último Bion" forma parte de estos instrumentos para desarrollar una ciencia de las relaciones. Volveremos a este concepto más adelante.

A los descubrimientos psicoanalíticos ya realizados por Freud, Melanie Klein y otros autores acerca de la coexistencia en la personalidad de por lo menos dos modos de funcionamiento, Bion agregó la coexistencia de funcionamientos grupales de supuesto básico (SB) y funcionamientos de grupo de trabajo, de una parte psicótica y una parte no psicótica de la personalidad, de una mente primitiva y embrionaria coexistiendo con una mente separada, de funcionamientos prenatales y postnatales, etcétera.

El modelo de mente de Bion, acorde con el paradigma de la ciencia de la complejidad de nuestro tiempo, es el de un Universo en expansión y en constante evolución. Ya no se trata solo de hacer consciente lo inconsciente, o donde hubiera ello que advenga el yo, a lo Freud, o la tendencia hacia la integración de la posición depresiva, a lo Klein. Bion piensa que el problema central es la *naturaleza de la relación* entre las distintas partes o modos de funcionamiento de la personalidad y los vínculos.

Capítulo i

El desafío de investigar la cesura

Bion tomó este término de una cita de Freud que dice que hay más continuidad entre la vida uterina y la temprana infancia de lo que la impresionante cesura del nacimiento nos permite creer. Usa este término en dos sentidos: como separación (barrera, pausa, corte, pantalla) y contacto-continuidad. El crecimiento mental no es lineal, se da por capas, como las de la cebolla, y entre cada capa hay una cesura. La personalidad establece un número de pieles o cesuras. Cesuras, como ya mencioné, son lugares de separación y contacto, brechas y contactos entre distintas partes de la personalidad. Para el crecimiento mental –que implica expansión de ese universo– y para el trabajo analítico, es necesario también establecer cesuras, que son lugares de transición dinámicos, donde puede darse el *cambio psíquico*. La cuestión es la dirección del cambio: hacia el crecimiento o hacia el deterioro; qué cesuras hace falta establecer y cuáles son de una naturaleza tan impenetrable como para impedir una comunicación adecuada, un diálogo entre las distintas partes de la personalidad.

Si faltan cesuras, el diálogo no puede establecerse por indiscriminación. No es lo mismo una consciencia apareada a un inconsciente por una barrera de contacto, que una conciencia rudimentaria sin inconsciente, como la del bebé o el psicótico. Volveremos a este punto más adelante.

Si las cesuras son demasiado amplias, no hay comunicación, se producen funcionamientos en paralelo sin posibilidades de transformación por el intercambio. Puede haber también comunicaciones fallidas, porque los lenguajes son diferentes: puede que los terrores primitivos no tengan palabras y se transmitan por vías ultra o infrasensoriales que no llegan a los niveles que se usan en el lenguaje articulado. El significado de las palabras puede no ser comunicado a los terrores: "¿Cómo hablarle al soma para que la psicosis entienda?" (Bion, 1990). El lenguaje articulado, a su vez, puede estar siendo usado por la mente primitiva al servicio de la identificación proyectiva.

Para el crecimiento mental y la evolución hay que lograr el contacto, el encuentro, y ver la posibilidad de establecer un diálogo entre los distintos modos de funcionamiento: un diálogo con discernimiento y un pensamiento que tenga posibilidades de evolucionar. Desde el punto de vista técnico lo que hay que investigar es la cesura.

El encuentro produce turbulencia emocional y ninguna de las partes, cuando hay disociación, quiere reconocer su parentesco con la otra. Sin embargo, "la inescapable bestialidad del ser humano hace que todos sus desarrollos tengan una matriz común" (Bion, 1990). El ser humano tiene obstáculos para reconocer que las preocupaciones místicas y religiosas de Newton tienen una raíz común con sus desarrollos matemáticos, surgen de la misma personalidad, aunque de distintos aspectos de la misma.

En el contexto de las ideas de Bion observamos un paso más allá de la noción kleiniana de reparación: ese más allá se refiere a la evolución. El problema es el crecimiento mental, que solo puede lograrse si se produce un diálogo entre las distintas partes de la personalidad, en una relación continente-contenido de beneficio mutuo, en la que coexista lo que Bion describió como "la *restauración* de la madre-la reparación y la *evolución*", que yo entiendo como una combinación de reparación y evolución. En la teoría kleiniana la posición depresiva está asociada a la reparación de los objetos y del yo. Bion agrega la necesidad de evolucionar: el ser humano es un ser vivo, animado; o evoluciona hacia el crecimiento mental o se deteriora.

La implementación de este diálogo entre reparación y evolución supone atravesar cesuras, con sus implicancias de cambio catastrófico, porque el crecimiento mental es atemporal y catastrófico, en el sentido de la teoría de las catástrofes. Es decir, tomando un modelo geográfico: el surgimiento de los Andes fue un cambio catastrófico ya que no se realizó a través de una lenta evolución que en psicoanálisis se conceptualiza como evolución genética. También para la noción de evolución tenemos que considerar dos formas: la del Big-Bang –explosión de la que surgió el Universo– y la darwiniana –evolución de lo inanimado a lo animado–. Bion (1965) introduce el concepto de *cambio catastrófico*[3] para describir "un hecho que produce una subversión del sistema en el análisis", que genera "sentimientos de catástrofe" tanto en el analista como en el paciente. *Cambio catastrófico* es un término que se refiere a una conjunción constante de hechos que pueden encontrarse en distintas áreas: la mente, el grupo, la sesión psicoanalítica y la sociedad. *Este particular tipo de transformación es inherente a diferentes estructuras de cambio psíquico y transformación.* Es un concomitante inevitable del crecimiento mental que es atemporal y catastrófico. Sus características son:

1) violento –en el sentido de abrupto, no como consecuencia de una lenta evolución–;
2) atemporal, y
3) algo del sistema anterior (la invariante) pasa al sistema nuevo pero transformado. Los hechos a los que se refiere, la conjunción constante, pueden ser observados cuando aparece una

3 Básicamente la teoría de las catástrofes representa la propensión de los sistemas estructuralmente estables a manifestar discontinuidad (pueden producirse cambios repentinos del comportamiento o de los resultados), divergencia (tendencia de las pequeñas divergencias a crear grandes divergencias) e *histéresis* (el estado depende de su historia previa, pero si los comportamientos se invierten, conducen entonces a que no se vuelva a la situación inicial).

idea nueva en cualquiera de las áreas mencionadas; surge así una fuerza disruptiva, que amenaza con una ruptura más o menos violenta, de la estructura y organización anterior. El cambio hacia el crecimiento supone la transformación de una estructura y organización, que implica necesariamente momentos de desorganización, dolor y frustración.

Impresiona la vigencia de la observación de Bion en el prólogo de *Experiencias en grupos*: "La sociedad todavía no ha sido llevada a buscar tratamiento de sus perturbaciones psicológicas a través de medios o métodos psicológicos, porque no ha logrado suficiente *insight* para apreciar la naturaleza de su malestar, que constituye un desafío hasta el día de hoy para los psicoanalistas y de los estudiosos de los grupos y habla de la urgencia de desarrollos en las investigaciones psicoanalíticas y de los grupos e instituciones para lograr mayor *insight* acerca de problemas que tienen un carácter urgente para la humanidad".

¿Cuál es el camino hacia el *insight* y cuáles los peligros de evadirlo? En *Una memoria del futuro*, libro escrito en forma de diálogos entre distinto personajes, Bion dice a través del personaje PA (el psicoanalista):

"*PA*[4]*: posibilidades seductoras escondidas en el amplio espectro de opciones disponibles, van a empujar en última instancia al crecimiento de una capacidad para discriminar –o catástrofe.*

Robin: ¿Por qué catástrofe?

PA: Porque a menos que el animal humano aprenda a devenirse experto en discriminación (discernimiento), va a estar en inminente peligro de hacer la decisión equivocada.

Alicia: Guerra nuclear, por ejemplo.

PA: No hay etiquetas pegadas a la mayoría de las opciones, no hay

4 PA: es el personaje psicoanalista.

substituto para el crecimiento de la sabiduría. Sabiduría u oblivion[5] *–haga su elección. De este conflicto no hay forma de eximirse"* (p. 576, *Una memoria*, inglés).

Estamos en el siglo XXI: el modo en que contamos el tiempo (antes y después del nacimiento de Cristo) y las ansiedades en torno a una catástrofe (bajo la forma por ejemplo de un derrumbe electrónico), que aparecieron para el fin del segundo milenio, reminiscentes de los augurios de fin de mundo de los finales del primer milenio, son una pequeña muestra de las evidencias cotidianas de funcionamientos grupales, culturales que portan la marca de una común matriz emocional. A estas ansiedades ahora tenemos que agregar el trauma social de la pandemia de coronavirus, que impacta en nuestra conciencia de vulnerabilidad, combinando vivencias de desamparo e intrusión. Los desarrollos científicos/tecnológicos se extienden de un modo tal que casi ya ha dejado de asombrarnos. Cada tanto, nuevos descubrimientos parecen borrar una vez más los límites entre ciencia y ficción. A modo de ejemplo: el hombre ha llegado a la Luna. El mundo de los sueños, de la realidad psíquica y el de los hechos de la realidad externa encuentran puntos de coincidencia y despiertan fuertes ansiedades y controversias. Todo esto en el campo de la ciencia de lo inanimado o de lo animado no humano. En el campo de la ciencia de lo humano y psíquico, en relación al funcionamiento mental de la personalidad y del funcionamiento de la mentalidad grupal, pese a los profundos desarrollos e investigaciones realizados desde el psicoanálisis y desde el área de investigación de los grupos, puede observarse la necesidad de ampliar y profundizar la comprensión de estos problemas y sus implicancias. ¿Cuál es la fuente de este malestar? ¿Qué implicancias tiene el *insight* del que habla Bion? ¿Cuáles serían los

5 *Oblivion*, expresión en inglés que significa una clase especial de olvido: un olvido total y absoluto.

medios para ir logrando ese *insight* y cuáles los obstáculos? Entre otras cuestiones, las desigualdades enormes en la distribución de la riqueza, que implican que hay miseria y personas que mueren de hambre, nos enfrentan con enormes interrogantes. La pandemia nos lleva al encuentro, una vez más, con un trauma social y con sus características, al poner de manifiesto nuestra vulnerabilidad y sus rasgos de desamparo e intrusión. También nos enfrenta con la enorme capacidad de desmentida, evidenciada en la pandemia por ejemplo por los "antivacunas".

El artículo "Cesura", publicado junto con La Tabla en 1977, forma parte de lo que podríamos llamar "el último Bion". A través de la metáfora de la cesura del nacimiento, que separa la vida intrauterina de la postnatal, Bion se aproxima a la apasionante y difícil investigación de la mente embrionaria o aun rudimentaria de nuestra especie, cuya evolución puede conducir tanto a la genialidad como a la psicosis.

¿Podemos hablar de emociones prenatales o protomentales, así como de vestigios de estados anteriores de nuestra evolución? En sus últimas conferencias publicadas en "Seminarios clínicos y cuatro trabajos" *plantea la posibilidad, para el psicoanálisis, de atravesar esta cesura entre una mente primitiva pre-natal y una mente "civilizada" postnatal en ambas direcciones*, de modo tal que puedan entrar en contacto. La mente primitiva contiene potencialidades de desarrollo creativo que pueden ser ahogadas por la mente postnatal "civilizada". También contiene terrores e impulsos primitivos potencialmente destructivos, que también pueden ser enmascarados. Este intento de atravesar la cesura inevitablemente genera turbulencia emocional, pero es urgente para el destino de la humanidad, puesto que está en juego qué es lo que va a predominar en nosotros: la astucia del mono en posesión de un superdesarrollo tecnológico, o la sabiduría del aprender por la experiencia y de la evolución hacia el crecimiento mental. El psicoanálisis puede hacer un aporte en el sentido de atravesar esa cesura e ir hacia el conocerse a sí mismo y de devenirse uno consigo mismo. Esta conciencia de sí mismo y este devenirse requiere de coraje y de una alta dosis de tolerancia a la frustración.

Hoy en día, el enorme avance tecnológico en los medios de comunicación ha llevado a su vez también a la posibilidad de su uso tóxico a través de la mentira, que es un pensamiento usado como acción, que niega su condición de pensamiento y que a través de lo que hoy se ha dado en llamar *fake news*, es decir noticias falsas, generan una atmósfera de intoxicación, muchas veces colectiva. La mentira es un sistema que se disfraza, se mimetiza como proceso consciente, como si respetara las reglas de la lógica consciente (no contradicción, espacio, tiempo), para aparentemente evitar conflictos, confrontación y decisión a nivel individual. La mentira es un pensamiento que niega su condición de tal y usurpa el lugar de la "cosa en sí" de los "hechos". Sus efectos son tóxicos tanto para la mente individual como para la mentalidad social. Utiliza las reglas de la lógica para dar una apariencia de validez como si estuviera afirmando un hecho en sí. Pero es una acción tóxica para la capacidad de pensar y el desarrollo de sus potencialidades. Las ideas, los pensamientos, el lenguaje y la cultura son fenómenos vivos. Crecen como algo vivo por combinaciones que dan lugar a algo nuevo, a lo inédito. La mentira, con apariencia de "hecho en sí", "crece" por agregados (¿por aglomeración?). Se mimetiza como si respetara las reglas de la lógica consciente de no contradicción, de espacio y tiempo, lo hace para evitar conflictos, y confrontaciones que demandarían una resolución. Solo utiliza las reglas mencionadas para dar apariencia de validez a la condición de ser la "cosa en sí" y desmentir que es un pensamiento; la mentira es una acción y en última instancia un modo de accionar sobre el pensar de los otros.

Si consideramos la mentira como una acción que se disfraza de pensamiento en relación a la zona de los usos de La Tabla (Bion) –es decir para qué se usa– sería un uso tóxico. En términos de Bion sería –K (menos K): el malentender como superior al entender. Bion plantea en ese sentido la rivalidad de métodos.

El artículo "La cesura"

Como ya mencionamos, el artículo "La cesura" toma su nombre de una cita de Freud, en "Inhibición, síntoma y angustia" (Freud, 1925) que dice que hay más continuidad entre la vida uterina y la postnatal que lo que la impresionante cesura del nacimiento pueda llevar a creer. Partiendo de esta cita como modelo y de otras de Martin Buber (*Yo y tú*) y de San Juan de la Cruz, Bion desarrolla la noción de cesura jerarquizando dos características: la *separación* y la *continuidad.* La primera característica refiere a la separación entre distintos aspectos de la personalidad, distintos modos de funcionamiento, distintos estados mentales. Esta separación puede tener las cualidades de un corte, de una brecha, de una pausa, de una barrera de contacto, de una pantalla impenetrable, etcétera. La continuidad está comprendida también como vestigios que se extienden y persisten en el tiempo. En una cita de *Una memoria del futuro* se dice que "el Sr. de ochenta años debe algo a sus semillas". En mi opinión, Bion privilegia la necesidad del encuentro, de un diálogo entre las distintas partes de la personalidad. Esto se refiere no solo a hacer consciente lo inconsciente, sino a tomar en cuenta, descubrir distintas modalidades de disociación y que pueda establecerse un diálogo entre lo que antes estaba disociado.

En *Transformaciones* (1965) Bion propone una nueva perspectiva, que llama "del aprendizaje al crecimiento mental". Esta denominación señala algunas de las cesuras a atravesar. No se trata solo de aprender de la experiencia: el crecimiento mental está asociado a la idea de *evolución* y al *cambio catastrófico.* Que no es una catástrofe, sino la introducción o la aparición de algo nuevo.

En lo que podríamos llamar "el último Bion" se delinea claramente el conflicto del desarrollo que el ser humano y la especie necesita enfrentar y del cual no hay escape posible: el crecimiento no puede realizarse sin poner en crisis una y otra vez lo ya establecido; a estas crisis él las denominó cambio catastrófico que –como veremos– no quiere decir catástrofe, sino el surgimiento de algo nuevo, algo que no es lo que ha ido evolucionando poco a poco en la personalidad.

Para abordar las aristas de este conflicto en torno al crecimiento mental, ¿cuál es la separación necesaria, con qué instrumentos contamos hoy para ello y cuáles son los obstáculos?

Esta es una cuestión fundamental tanto para el psicoanálisis como para las investigaciones de grupos e instituciones, e inclusive para la sociedad.

Darío Sor y M. R. Sennet desarrollaron una investigación sobre la cesura y el cambio catastrófico. Consideraron la cesura como una zona "Trans", una zona de transición, de tránsito, que tiene que ser atravesada por aquellos elementos que se hallan en un estado transformacional. Cesura es una zona que separa dos regiones de la personalidad (mente primitiva/mente separada), dos modos de funcionamiento (de SB y grupo de trabajo), y la travesía por esa zona amenaza con producir un *cambio catastrófico* porque es una zona donde estos distintos aspectos pueden encontrarse, y el encuentro produce turbulencia. El cambio catastrófico es un habitante de esta zona y es también un factor indispensable para la capacidad de darse cuenta, la única manera de entender el crecimiento mental. Ser consciente no significa solo tener conciencia de lo que uno percibe, sino qué significa aquello que uno percibe.

Me interesa tomar esta idea porque en el artículo La Tabla, parafraseando al Freud de "El futuro de una ilusión" Bion sugiere que tenemos que considerar el futuro –entiendo que con esto quiere decir la evolución– de una analogía, de una ilusión, el futuro de la "transferencia". Estamos hablando de cómo va a evolucionar la personalidad, por ejemplo, en un proceso analítico, pero no solo en esa situación, sino también en otras situaciones. Sugiere usar el arma polivalente de la construcción, de la simetría, para considerar, desde esta perspectiva, un espectro de zonas "trans" en donde el orden creciente está dado por la potencia de las fuerzas emocionales puestas en juego. Desde la zona de origen, donde se produce el encuentro y la generación de la turbulencia, se abre el espectro de las distintas posibilidades: hacia la zona "trans analógica", o la trans-transferencial, o hacia la zona del delirio, de la ilusión, de la ilusión grupal, de la alucinación, la asimetría y la degeneración. (D. Sor, Senet, *Fanatismo*). Es indudable que el equipo de la analogía y la simetría van a sufrir deterioros a medida que se interne en la zona del delirio, ilusión, ilusión grupal, etcétera. La analogía, la simetría implican encontrar o descubrir metáforas; el deliro, la ilusión, no toleran o comprenden metáforas.

Capítulo 2

Métodos de investigación y vértices

¿Cuáles son algunos de los métodos que Bion propone para investigar el problema? Él siempre sostuvo las ventajas de correlacionar distintas perspectivas: visión binocular que da profundidad, como es el caso de los ojos, alternancia de distintos focos (al modo del microscopio), convergencia de múltiples vértices y perspectiva reversible versus reversión de la perspectiva, son algunos de los instrumentos propuestos.

A esto quiero agregar sus consideraciones en *Atención e interpretación* sobre el insight en psicoanálisis y el insight en grupos como dos vértices de observación complementarios.

Grupo e individuo son dos vértices de observación. El vértice del grupo –de observación macroscópica– contrasta y se complementa con el vértice de observación microscópico del psicoanálisis.

> "Tomando el vértice macroscópico no se observa lo mismo que desde el vértice microscópico. Desde el primero es obvio que un grupo no es un individuo o viceversa, pero el vértice microscópico revela algo que no corresponde a la anatomía del individuo o del grupo de individuos humanos" (Bion, *Memorias,* versión inglesa, Karnac, p. 182).

Comenzando con sus experiencias en grupos, y siguiendo con las investigaciones psicoanalíticas de la parte psicótica y no psicótica de la personalidad, Bion comprendió profundamente los problemas implicados en el campo relacional que genera la *identificación proyectiva.*

Si tomamos el vértice de los funcionamientos de SB y la hipótesis de que aquellos SB que no están activos en un momento dado y quedan relegados al sistema protomental, veremos que lo que aparece delimitado desde la anatomía como individuo es parte de una red comunicacional.

Un modelo podría ser la de un criadero de hongos: mirando un claro en el bosque, el observador ve los hongos separados unos de otros y esparcidos en una extensa área; si tomáramos una fotografía con rayos infrarrojos, observaríamos, en cambio, no los hongos individualmente sino la red que los une. La analogía y la simetría junto con otras modalidades como la de correlacionar vértices forman un buen equipo para atravesar cesuras.

En *Una memoria del futuro* hay un diálogo en el que un personaje pregunta por qué Bion no siguió con los grupos. Bion contesta: "tenía problemas más urgentes que podían ser tratados solo por el psicoanálisis –o algo mejor–. [...] El problema es la relación entre un feto altamente equipado consigo mismo y con sus padres o sus cualidades parentales".

Esta cuestión –que Bion va a llamar *developemental conflict* [conflicto del desarrollo], es decir los conflictos que están implicados en el crecer, en el desarrollo mental– atraviesan toda su obra: necesariamente, para que haya desarrollo, tienen que atravesarse cesuras y ocurrir encuentros que generan turbulencias, que pertenecen al orden de los cambios catastróficos.

El problema lo vuelve a traer en *Elementos* a través de la relación entre la mente primitiva y la mente separada, la que es capaz de pensar. En *Atención e interpretación*, como ya dije, retoma el problema a través de la relación del místico y el grupo. El místico representa la idea nueva, hace falta un Establishment que reciba e institucionalice la idea nueva para que pueda pasar y ser asimilada por el grupo.

La zona Trans (de transición) puede tener distintas características y ser fuente de patologías. ¿Cuáles serían las mejores condiciones para atravesarlas en dirección a un crecimiento?

La infancia de la especie coexiste junto con sus funcionamientos más evolucionados, científicos. La mente primitiva disputa a la mente científica el uso de las funciones de comunicación. El lenguaje, los lenguajes, como formas de comunicación, son disputados para estar al servicio de la función de comunicación o para evitarla. Cualquier lenguaje y cualquier nivel simbólico puede ser usado al servicio de la identificación proyectiva, como método de comunicación primitivo, en el mejor de los casos, o como método de inoculación y contagio en el otro extremo.

La experiencia emocional es inefable, pero para atravesar cesuras hacia el desarrollo requiere transformación y formulación: en términos del "último Bion" transformaciones hacia O (at-one-ment, en unicidad con uno mismo) para devenirse sí mismo y encontrarse con la experiencia y transformaciones en K (disposición al conocimiento) para formularla. El camino de la comunicación privada y de la pública tiene que despejarse de las primitivas tendencias hacia la evacuación, de la acción como substituto del pensamiento y ser un campo de transformaciones en donde el pensamiento sea el preludio de la acción.

Los funcionamientos automáticos de SB, las fuerzas emocionales primitivas, son inescapables. Al grupo de trabajo y/o a los funcionamientos pensantes de la personalidad no les alcanza con implementar los modos de contacto con la realidad externa. El psicoanálisis, con su lente microscópica enfocada en la relación, ha hecho valiosos aportes y ha desarrollado instrumentos tales como la necesidad de pensar y darse cuenta de los fenómenos de transferencia-contratransferencia.

El crecimiento no puede realizarse sin tomar en cuenta los funcionamientos primitivos, además de los sofisticados. El crecimiento no puede lograrse sin poner en crisis lo ya logrado; se plantea así el conflicto para el desarrollo, con el agregado de que en cada cesura que es necesario atravesar, aflora el cambio catastrófico y el conflicto en relación al crecimiento se reactualiza cada vez.

A continuación, voy a desarrollar tres vértices que abarcan las hipótesis centrales de este capítulo:

a) Grupo e individuo: dos vértices de observación.
b) Cesura y consideración de la naturaleza de la cesura: como barrera inaccesible, brecha, fisura, zona trans cuya travesía puede dar origen a catástrofes o a cambios catastróficos.
c) Condiciones para el crecimiento y la maduración

Individuo y grupo, dos vértices de observación. Una ciencia de las relaciones

Cuando Freud, que ya había comenzado a comprender la naturaleza de los procesos inconscientes, descubrió la transferencia, puso los fundamentos de una *ciencia de las relaciones.* Como todo genio, realizó poderosos desarrollos y también se encontró con límites para extender sus investigaciones.

Bion nos propone una ciencia de las relaciones, de los vínculos.

La cesura, brecha, fisura, o puente, parece un obstáculo para observar la continuidad, para observar la relación entre distintas modalidades de funcionamiento.

> "A science of relationships has yet to be established, and one would look to find some discipline analogous to mathematics to represent relationship of one element in the psychic personality with another"[6] (*Atención e interpretación*, versión inglesa, p. 64).

6 Una ciencia de las relaciones todavía tiene que ser establecida y uno buscaría encontrar una disciplina análoga a las matemáticas para representar la relación de un elemento en la personalidad psíquica, con otro elemento (mi traducción).

"El hombre es un animal político" significa que posee el equivalente mental de las características físicas de un animal que vive en rebaño. El problema y la ventaja en una investigación psicoanalítica o en una investigación de grupo es que allí, en ese mismo campo de investigación, se estimulan los impulsos, las situaciones emocionales básicas. Es la investigación misma la que genera turbulencia y carecemos aún de los instrumentos, para investigar la relación, equivalentes al álgebra en matemáticas. De todos modos, Bion nos ha llamado la atención que aun las matemáticas nacen de una matriz emocional.

Bion propone que investiguemos la cesura:

> "[Entre los cuantos autonómicamente apropiados y las ondas de pensamiento y emoción conscientes existe mucha más continuidad de la que nos hace creer la drástica cesura de la transferencia y la contratransferencia. ¿Entonces...? Investiguemos la cesura: no al analista, ni al analizado, ni lo inconsciente, ni lo consciente, ni la cordura, ni la insanía, sino la cesura, el vínculo, la sinapsis, la contra-trans-ferencia, el modo transitivo-intransitivo" (Bion, *Cesura*. En versión española, p. 71; en versión inglesa, p. 56).

Una memoria del futuro es un relato en forma de diálogos entre distintos personajes que incluyen desde Bion y "yo mismo", el Tiranosaurio y el Estegosaurio, el "Capitán Bion" y "PA" (el psicoanalista), Sherlock Holmes y Moriatry, "PS" y "D" (las posiciones) el científico, el cura, el diablo, estados pre-natales: EM (maduro) somitas, el chico de 14, el hombre de 40, el Sr. de 80 años, corazón, etcétera. Todos los personajes en distintos intentos de diálogo, algunos logrados y otros no.

Esta obra, con su modalidad de diálogo, representa en parte la búsqueda de esta ciencia de las relaciones, mostrando las cesuras que impiden y las que facilitan establecer la relación. El método sería intentar, a través del diálogo, generar una discusión y una reflexión entre los distintos modos de funcionamiento.

Este libro, por momentos inquietante, por otros irritante, intenta mostrar en forma dramática las dificultades y posibilidades del diálogo.

La primera parte de esta trilogía llamada "El sueño" comienza con un "sueño/indigestión"[7, 8], y con un intento de observar desde dos vértices (desde el ano hacia la garganta y desde la garganta hacia el ano, tomando como modelo el trayecto de la digestión).

El despertar[9] trae la conciencia de una invasión y hojas de una Biblia vuelan desparramadas por doquier. La Biblia es lo ya escrito, lo dogmático, que con el cambio catastrófico –la invasión– se dispersa. Uno podría preguntarse si representa la invasión de los pensamientos sin pensador. ¿La Biblia aludirá a la institucionalización de una modalidad de funcionamiento de SB?

Rosemary, la sirvienta, se está por ir; Alice, la patrona, la despide con desconsideración. La sirvienta sumisa suplica hasta que, frente a la invasión, comienza a darse cuenta del terror de Alice (es decir de sus aspectos primitivos). Los hechos se van sucediendo y se desencadena una relación homosexual o sexual y sadomasoquista entre las dos mujeres. ¿Sería la erotización de la violencia?

Se invierten los papeles automáticamente, y a lo largo de la obra los roles permanecen invertidos: Rosemary, que al parecer representa los aspectos primitivos de la mente, algunas veces vitales, algunas veces con una cierta experiencia de vida, algunas con

---

7 Bion usa el modelo digestivo para las experiencias emocionales: estas tienen que ser digeridas para poder ser asimiladas a la personalidad.

8 El sueño, el soñar, implica un intento de pensar-digerir las experiencias emocionales.

9 Bion diferencia entre un estado mental despierto (consciente) y un estado mental inconsciente (dormido), diferenciando también una conciencia rudimentaria que percibe pero no se da cuenta de lo que percibe, de una conciencia evolucionada que percibe y se da cuenta de lo que percibe.

una cierta crueldad, va a transformarse en "el ama" y Alice, que representa el aspecto "educado" –diría que educado también para la hipocresía–, va a ser la sirvienta sumisa. Alice por momentos parece también adquirir sabiduría, lo mismo que Rosemary. Así es como Bion presenta el encuentro entre la parte "primitiva" y la parte "civilizada". La invasión también parece por momentos como la amenaza del cambio catastrófico. De algún modo uno puede pensar que ese diálogo entre distintas partes de la personalidad es uno de los objetivos de un psicoanálisis.

En *Una memoria del futuro* los personajes van cambiando en sus manifestaciones y muestran distintos aspectos. Algunas manifestaciones son primitivas pero vitales: como ciertas palabras que emplea Rosemary, que son lo que podría llamarse "groseras" pero que comunican auténticamente significado, poniendo al descubierto el lenguaje hipócrita, educado, "civilizado" y a la vez desconsiderado, un lenguaje mentiroso, de disimulo, de substitución, de sus hasta entonces patrones, Alice y Roland. En otras manifestaciones lo primitivo surge en una transformación en acción violenta y destructiva: Rosemary echa a Alice del dormitorio que va a parar al cuarto de la servidumbre y es violada por Tom, el criado "bruto" y hasta entonces sumiso.

Es decir que lo primero que surge cuando se atraviesan las cesuras es el cambio catastrófico: la subversión del sistema, la violencia y la invariancia que pasa al nuevo sistema transformado. En este caso, una forma de representar la invariancia es la relación de amo/esclavo, o sadomasoquista: Rosemary y Alice cambian de lugar, pero la cualidad de la relación no cambia.

Bion hace entrar a distintos personajes, se intenta establecer por momentos un diálogo, el lenguaje de logro surge a través de los poetas, de lo músicos, etcétera, como un instrumento, hasta ahora no del todo eficaz.

En el último tomo "El alba - El amanecer del olvido" surge también la gratitud como un factor transformador de la relación: el

"Señor de 80 años" debe algo a su "Somita 3", como el árbol a sus semillas. ¿Podrán "Psique" y "Soma" establecer alguna vez un diálogo, en el que Psique sea receptivo a los dolores y no solo a la gratificación, y Soma al significado de las palabras y no solo al ruido?

Algunos personajes son cambiantes y ambiguos y no se sabe qué dirección van a tomar. El más misterioso es "Hombre": es un invasor. ¿Vendrá del futuro? ¿Lo que lleva en la cintura es una barra de chocolate o un revólver? ¿Se va a casar con Rosemary, la parte primitiva, y matar a Roland?

Mientras tanto Bion, Yo Mismo, Sherlock Holmes y Moriatry, el PA, el Cura, el científico, etcétera, intentan un diálogo, en el que interviene entre otros el Diablo.

Otro de los personajes muy singulares es Du: puede ser "do" en inglés de "hacer", "du" en alemán de "tu" (*Yo y tú,* de Martín Buber, que Bion cita en *Cesura*). De nuevo el diálogo es difícil y depende desde qué vértice y desde qué lado de la cesura se mire. "Du" puede ser una acción que substituye el pensamiento, una acción preludio del pensamiento, o un pensamiento transformado en acción.

Una memoria del futuro es un nombre con polisemia y pienso que es también el nombre de una ciencia de las relaciones y de una ciencia de lo pre-conceptual, es decir, no saturada, abierta a nuevas "*realizations*"[10]. Se trata de una ciencia que investigue la continuidad a través de la cesura y el crecimiento a través de la discontinuidad del cambio catastrófico. Una ciencia que investigue las invariancias y cómo pasan al nuevo sistema transformadas, así como las implicancias de poner en crisis lo ya logrado.

Esta ciencia despierta fuertes ansiedades sobre todo cuando se trata de investigar un objeto animado humano, no sensorial y que cambia en el momento de ser investigado, siendo el instrumento de investigación, en última instancia nuestra propia mente, que participa de los mismos avatares que el objeto investigado.

---

10 *Realizations* en inglés significa tanto realizaciones como darse cuenta.

Werner Heisenberg[11] describió el principio de incertidumbre para las ciencias duras. Bion sostiene que Keats descubrió, para el campo de las ciencias humanas, un principio de incertidumbre, que llamó "*capacidad negativa*". Se trata de la capacidad de permanecer entre dudas y misterios sin una irritante búsqueda de certezas y de la razón.[12]

En sus últimos trabajos Bion sostuvo que el encuentro entre los distintos aspectos de la personalidad (los distintos modos de funcionamiento) generan turbulencia emocional; una vez más, un diálogo de *Una memoria del futuro* refleja con cierto humor el problema del encuentro: encarnados como distintos personajes *psique* y *soma*, entre otros, niegan indignados la posibilidad de un parentesco.

Ya he mencionado varias veces la necesidad metodológica de mantener la coexistencia de varios vértices de investigación para poder tener una perspectiva del campo de problemas como complejos y conjugados. (Ver cita).

Las perspectivas o los vértices desde la investigación de grupos y desde el psicoanálisis son un ejemplo de puntos complejos y conjugados. En los términos de Bion esta perspectiva difiere de la de los puntos separados y coincidentes y la de los puntos reales y distintos.

---

11 Werner Heisenberg formuló el principio de incertidumbre en 1927. Este principio establece que no se puede conocer con precisión absoluta la posición y el momento de una partícula al mismo tiempo; cuanto más precisamente se conoce una, menos precisamente se puede conocer la otra. Este principio es fundamental en la mecánica cuántica y tiene implicaciones profundas sobre nuestra comprensión del mundo a escala atómica.

12 La traducción que estoy usando aquí es de Julio Cortázar (1996): "[D]e golpe advertí cuál era la cualidad que hace a un hombre plenamente realizado, sobre todo en literatura, y que Shakespeare poseía enormemente: quiero decir la *capacidad negativa*, o sea la de un hombre capaz de existir entre incertidumbres, misterios, dudas, sin encarnizarse en el hecho y la razón...). Cortázar, J. *Imagen de John Keats*. Alfaguara, Buenos Aires, 1996.

> "The problem, the object of curiosity, has to be approached symmetrically. 'Too good' and 'too bad' is not the formulation of a conflict; it is a formulation of a symmetrical relationship. It is analogous, in the domain of personality, to bifocal vision in the domain of visual inquiry. [...] Real and imaginary only supplement each other when they do not meet, when it is known that two parallel live in the domain of sensuous experience meet, but in the domain of personality they become symmetrical" (*Cesura*, versión inglesa, p. 25).[13]

Conjugando ambos vértices, la visión binocular da una posibilidad de profundidad. El psicoanálisis puede avanzar en la comprensión de algunas manifestaciones que parecen ponerse de manifiesto en la práctica psicoanalítica si toma en consideración que lo que se estimula en ese vínculo es una relación de "par", donde el SB de apareamiento puede ser el más estimulado.

Quisiera señalar ahora brevemente algunos de los factores para el desarrollo de esta "ciencia de las relaciones":

a) Tolerancia para reconocer las turbulencias.
b) Tolerancia a que la tendencia observada sea pensada y considerada en palabras.
c) Tolerancia a la decisión: al hecho seleccionado como articulador de la observación.

---

13 El problema, el objeto de curiosidad, tiene que ser aproximado simétricamente. "Demasiado bueno" y "Demasiado malo" no es la formulación de un conflicto; es la formulación de una relación simétrica. Es análogo, en el dominio de la personalidad a dos visiones bifocales en el dominio de la indagación visual (...) Real e imaginario sólo se suplementan uno en relación al otro cuando no se encuentran, cuando se sabe que dos paralelas se encuentran en el dominio de la experiencia sensorial, pero en el dominio de la personalidad se devienen simétricos.

d) Tolerancia a la incertidumbre (capacidad negativa como factor: o echar un rayo de oscuridad).
e) Tolerancia a la cooperación.

El desafío de investigar la cesura

Es notable cómo en la perspectiva de Bion el común denominador, tanto dentro de los grupos (grupos de SB, sistema protomental, grupo organizado, grupo de trabajo) como en la personalidad (parte psicótica y no psicótica, mente primitiva, mente separada, pre-natales/postnatales, etcétera) es la investigación de la relación, de la cesura (como punto de encuentro y como brecha) y también la búsqueda de detectar los obstáculos y riesgos de atravesar estas cesuras en ambas direcciones, intentando establecer articulaciones. Importa comprender no solo los distintos modos de funcionamiento sino también cómo se relacionan o cómo no se relacionen.

La turbulencia emocional puede estar latente o pasar a primer plano violentamente.

La observación de un grupo provee la oportunidad de ver qué interacción existe entre la situación emocional, que está aparentemente restringida al individuo, y el modo en que se desparrama y afecta a otros miembros del grupo.

Una desventaja de la situación grupal es que la anatomía de los integrantes puede parecer tan dominante que se tiende a asumir que la personalidad está igualmente delimitada por la apariencia física. Pero la personalidad no termina en la anatomía.

Es decir que a veces las cesuras que parecen tan "dramáticas o impresionantes" de estar en presencia de varios individuos, no permite observar que la personalidad no termina en la anatomía de una persona y se oscurece –como dije antes– el campo relacional generado por los funcionamientos de Supuestos Básicos, protomentales, que subyacen a través de la invisible red de identificaciones proyectivas cruzadas.

Bion tuvo la oportunidad de aproximarse a estos fenómenos, tanto desde su observación de los grupos como desde el psicoanálisis, donde pudo observar el funcionamiento de la parte psicótica de la personalidad.

Pensó que las cesuras podían funcionar como pantallas opacas y también propuso como modelos de cesuras articuladoras: al modo en que Picasso pintó un vidrio de ambos lados de manera que pudiera permanecer como una barrera, pero al mismo tiempo mantener el contacto. Esta clase de cesura la llamó barrera de contacto. En ese sentido consideró que, para el desarrollo de un aparato psíquico con diferenciación entre consciente e inconsciente, era necesaria la operación de la función alpha, pues la barrera de contacto es la que permite tanto la diferenciación entre consciente e inconsciente como el contacto o la relación entre distintas modalidades de funcionamiento. La barrera de contacto está construida con elementos alfa. Estas ideas hacen al proceso de simbolización que permite diferenciar una idea de una cosa.

También se refirió a la necesidad de construir pantallas suficientemente amplias y resistentes, como los radiotelescopios. Es importante el cambio de vértice: alguna vez alguien en lugar de escuchar la música escuchó las interferencias. En la clínica psicoanalítica se necesita escuchar no solo la música, sino los silencios y también el ruido.

Si se da un factor de tolerancia al cambio catastrófico y se investiga la relación, se abre a la observación un amplio espectro de sucesos en la personalidad y en el grupo:

- entre estados mentales despierto/dormido;
- entre estados mentales pre y postnatales;
- entre mentalidad de grupo y el individuo.

Bion propone estudiar la personalidad total, que a veces considera como un grupo de distintos aspectos dentro de una misma personalidad. Y también al grupo total, con sus distintas modalidades de funcionamiento, que en la última parte de su obra se transforma en la relación entre el místico, el grupo y el Establishment. A esto último me voy a referir más adelante.

La oscilación PS $\leftrightarrow$ D implica la dispersión de la situación total en diversos elementos (PS: con la consiguiente tolerancia a la dispersión y a la incertidumbre) y la nueva integración D: que por el hallazgo del Hecho Seleccionado (HS) y la tolerancia a la elección, armoniza nuevamente lo disperso. La condición también es que pueda quedar siempre un nivel de no saturación, es decir lo que Bion llama el nivel pre-conceptual, abierto a nuevas experiencias.

Intensas preconcepciones, que funcionan más como pre-determinaciones, no dispuestas a ser puestas en crisis por contacto con hechos nuevos, son factores que generan obstáculos para este proceso de articulación y desarticulación en espiral creciente.

Bion observa este hecho como expectativas mesiánicas intensas, saturadas, que ocupan el lugar de la pre-concepción, estimulando sentimientos tan intensos que el grupo puede volverse resistente a cualquier emoción, por temor a la turbulencia.

Al evacuarse las pre-concepciones, por intolerancia a las ansiedades que genera la evolución y lo indeterminado, lo no saturado, se abre el peligro de crearse una cesura que funciona como una barrera que puede alcanzar el grado de una prohibición. Esta barrera se erige bajo la creencia de proteger o preservar un modo de solución previo, arcaico. Separa presente de pasado y de futuro y al hacerse impenetrable, inaccesible, se constituye en un impedimento para un desarrollo ulterior.

A veces, en cambio, las cesuras son ideas iluminadoras y el grupo, si la relación continente-contenido es simbiótica –entre la idea y el grupo– puede conducir a un desarrollo. Más adelante volveré a la relación continente-contenido cuando me refiera al místico, grupo y Establishment.

El problema es también la tolerancia a la evolución a través de la oscilación PS $\leftrightarrow$ D (que es la que delinea el objeto total, o la situación total), porque una vez aceptada y establecida la idea iluminadora, si los integrantes del grupo ven el problema se estimula una solución. Pero si la solución se tiende a convertir en conclusión y el problema no permanece con una parte no saturada, se transforma en una solución cerrada de una vez para siempre.

Esta descripción de Bion es válida tanto para una personalidad en una relación psicoanalítica, como para un grupo que está encarando una tarea.

No existe una solución para siempre: la solución de un problema siempre revela un campo de problemas hasta entonces no descubierto. Es decir que el desarrollo de la personalidad en un psicoanálisis, como de un grupo en su tarea, depende de la tolerancia a las ansiedades que despierta una búsqueda abierta, esta búsqueda sin fin (Popper, 1994) y de la posibilidad de generar continente en un nivel maduro, para contener las ansiedades que son estimuladas por las características inherentes a la misma investigación.

Las decisiones se reactivan como turbulencia emocional. Las decisiones se producen en la comunidad, la familia, el grupo, el individuo.

El psicoanálisis propone tratar las turbulencias a través de la reflexión y discusión. Esto implica un considerable proceso de maduración. Bion en *Aprendiendo de la experiencia* (1962)[14] y en otras partes de su obra, le da un significado muy especial a *madurez*: "[L]a palabra es usada para indicar el estatus que cualquier palabra y su significado subyacente han adquirido en el momento de escribir o hablar. Es útil ver a estas palabras y a otras como 'prestadas de', su significado es aceptado para expresar lo que el analista considera como análogo en la vida mental". La analogía es un modo de observación de un vínculo; al mismo tiempo, la observación de un vínculo entre dos objetos y no de los objetos en sí relacionados

14 *Learning from Experience.* Primera publicación en 1962 y editado por William Heinemann, Medical Books Ltd.

permite darnos cuenta de que la discusión que requiere madurez, una vez más nos conduce al desarrollo del vértice de la relación.

Si las circunstancias que estimulan el desarrollo empujan a atravesarla, *la cesura, como barrera inaccesible,* puede dar origen a una catástrofe tanto en el individuo como en el grupo. Si la turbulencia queda latente y la barrera entre distintos modos de funcionamiento se torna inaccesible en lugar de ser una zona de contacto, cuando algún suceso interno o externo active la turbulencia, puede ocurrir que la barrera se rompa y sorpresivamente surja una catástrofe: psicosomática, somatopsicótica, una catástrofe psicótica, social, etcétera.

Las barreras de contacto son permeables: como cuando se da una fluida relación consciente/inconsciente.[15]

El genio / místico y el grupo

Las experiencias vividas durante la guerra dejaron una honda impresión en Bion. Así, en un artículo como La Tabla dice:

> «*I do not believe, and nor does anyone else who has had close contact with men in battle conditions, prisoners of war or civilians in similar stress, that the feelings of men and women, either as individuals or as members of a group, have changed; they are dormant. Often, they are covered by a veneer of civilization which, however, does not conceal though it might disguise the forces beneath*». (La Tabla, inglés, p. 23) […]

> «*[T]here may well be some analogue in the personality to the capillary blood system which in ordinary conditions is dormant but in*

15 Algunos de estos problemas han sido ilustrados en mi libro *La dimensión estética de la mente (II)* (Buenos Aires, Biebel, 2024), en el capítulo que analiza la película "2001. La Odisea del espacio", de Stanley Kubrik.

extraordinary conditions may dilate in surgical shock. The analogy would be such hyper-stimulation of the individual groupishness that his capacity for conscious, sophisticated behaviour seeps away into his 'unconscious'».

«Omnipotence - omniscience - god, together with the symmetrical elements, helplessness - incomprehension - agnosticism, are the abstract statements of the basic group».

(Bion, La Tabla).[16]

Traigo estas citas del "último Bion" para introducir una cuestión presente desde sus primeros trabajos: la coexistencia –dentro de la misma personalidad y dentro de un grupo– de distintas modalidades de funcionamiento.

Luego introdujo la idea de *grupos especializados de trabajo*, intentando también pensar el problema de la relación entre estas dos modalidades de funcionamiento. Trajo la idea de Platón de "zapatero a tus zapatos" que proponía resolver la coexistencia, a

---

16 "No creo, y tampoco puede creerlo cualquier persona que haya tenido un estrecho contacto con hombres que han estado en situaciones tales como una guerra, en un campo de batalla –ya sea como prisioneros de guerra o civiles en alguna situación de tensión similar, que los sentimientos de hombres y mujeres, ya sea como individuos o miembros de un grupo, hayan cambiado; están adormecidos. Frecuentemente están cubiertos por un barniz de civilización que, de todos modos, no oculta, aunque puede disfrazar las fuerza que subyacen (*La Tabla*, inglés. p. 23) [...] puede haber algo análogo en la personalidad como el sistema capilar sanguíneo que en condiciones ordinarias está como adormecido, pero que en condiciones extraordinarias puede dilatarse como en un shock quirúrgico. La analogía sería una tal sobreestimulación de la grupalidad del individuo, que su capacidad para una conducta consciente, una conducta sofisticada, se escurre hacia su inconsciente. Omnipotencia - omnisciencia - dios, junto con los elementos simétricos, desamparo -no comprensión - agnosticismo, son los elementos abstractos del funcionamiento del grupo de supuestos básicos". (Mi traducción).

través del contacto que la tarea implica, con el mundo de la realidad externa. Trae después el pensamiento de San Agustín: que los hombres tienen que arreglar su relación con Dios antes de arreglar la relación con el grupo de hombres. Cuando Bion habla de Dios, se refiere en mi opinión a la mente, quizás inconsciente, que es una de las características peculiares que en cada ser humano toma la Divinidad. Pienso que Bion intentó mostrar a través de esto: que los grupos especializados de trabajo (que en *Atención e interpretación* va a llamar Establishment) son los encargados de encontrar una salida a las emociones de los SB sin que pasen a la acción y al mismo tiempo contener la idea nueva. La descripción es muy interesante: hace acordar a las formaciones de compromiso neuróticas, para impedir que las emociones de los SB pasen a la acción y darles al mismo tiempo una salida; en los grupos especializados de trabajo, la Iglesia por ejemplo, cuando se da algún logro mediante una realización de una tarea llevan a sus fieles a agradecer a la deidad. De este modo gratifican el anhelo de omnipotencia, o de búsqueda de líderes omnipotentes y omniscientes. Al mismo tiempo el grupo especializado de trabajo intenta evitar que el SB se encarne en algún líder: porque este paso a la acción sería altamente peligroso.

Los funcionamientos de SB son un repertorio muy reducido de recursos, teñido de emociones básicas que es hostil al contacto con el tiempo y a cualquier hecho o idea que estimule el desarrollo. Lo temido es la idea nueva y desconocida que estimula hacia el cambio, hacia el crecimiento. Si el grupo de trabajo puede contener los funcionamientos de SB la tarea puede realizarse, aunque no sin dificultades. Si la presión por el cambio es muy intensa pueden ocurrir lo que Bion llama cambios aberrantes, que son básicamente formas de cisma, en la que los distintos grupos cismáticos, ya sea aferrándose a sus "biblias" o aparentemente llevando la bandera del cambio, impiden la posibilidad que un auténtico cambio hacia un crecimiento tenga lugar.

Estas observaciones son muy interesantes si uno las piensa a la luz de las soluciones patológicas que puede intentar la personalidad a través de múltiples escisiones.

A esto es necesario también agregar algunas observaciones de Bion en *Cogitations* (p. 100, inglés):

> «For the apparatus of denial, Endo psychic and social, is formidable indeed if it is to be effective as it is in fact. [...] Nor can his labors cease at the borders of his own personality; as the scientist has to seek the aid of groups, institutions, elaborate apparatus, and social support as well as maintain his mental acumen, so the individual oriented to frustration-evasion, has to enlist the aid of, or actually initiate, social institutions to help in the task of denial of reality. The actual social institutions need not differ from those used by scientifically orientated and by frustration – evaders can be the same but used differently. It is obvious that a psychotic will use the institution of marriage, the family and state differently from the frustration – modifier».[17]

En esta cita está uniendo su experiencia con los grupos y sus observaciones derivadas de la práctica psicoanalítica con pacien-

---

17 Porque el aparato endopsíquico y social, de denegación es formidable si tiene que ser efectivo y desde ya, lo es. (...) Ni pueden sus tareas cesar en los bordes de su propia personalidad; así como el científico tiene que buscar la ayuda de grupos, instituciones, aparatos elaborados, y soporte social así como mantener su entereza mental, así el individuo orientado hacia la evasión de la frustración tiene que buscar la ayuda de, o iniciar, instituciones sociales que lo Ayuden en la tarea de la denegación de la realidad. Las instituciones sociales actuales no tienen por qué diferir de aquellas científicamente orientadas y por aquellos que evaden la frustración, puede ser los mismos, aunque usadas en forma diferente, es obvio que un psicótico va a usar la institución del casamiento, la familia y el estado, de un modo diferente de aquellos que tienden a modificar la frustración.

tes con funcionamientos predominantemente psicóticos. De esta última experiencia aprendió que la parte psicótica de la personalidad puede tener suficiente principio de realidad para usarlo para mantener en buen estado su "aparato para evadir la realidad y la frustración" y usar las instituciones al servicio de esto, enrolándolas en su causa.

Así como Freud descubrió la transferencia también descubrió y conceptualizó su condición pulsional como algo que no se puede erradicar del ser humano, y los conflictos que surgen en la medida en que se "humaniza" o se "civiliza". En "El malestar en la cultura" tuvo una visión pesimista acerca del futuro de la relación entre lo pulsional y lo "civilizado".

Bion, en cambio, en *Experiencias en grupos* tuvo una perspectiva más esperanzada:

> «I attribute great force and influence to the work group, which, through its concern with reality, is compelled to employ the methods of science in no matter how rudimentary a form; the influence of basic assumptions, and sometimes in harmony with them, it is the work group that triumphs in the long run». (p. 169, Inglés).[18]

Bion sostuvo que el individuo es un animal de grupo en guerra, tanto con el grupo como con los aspectos "grupales" de su personalidad. Esta guerra no se limita a un conflicto con la "cultura", tal como lo había descripto Freud, y él pensaba que había otras cuestiones que requerían ampliar la investigación. Introdujo la idea de que la grupalidad, la condición humana de "animal polí-

---

18 Yo atribuyo una gran fuerza e influencia al grupo de tareas, que a través de su respeto por la realidad, tiene que emplear los métodos de la ciencia no importa cuán rudimentaria sea su forma; la influencia de los supuestos básicos y a veces en armonía con ellos, es el grupo de trabajo que a la larga triunfa.

tico" y la mentalidad grupal, son factores inherentes a la condición humana. Se manifiesta en un grupo, pero no deja de existir si el individuo está aislado, porque somos animales de manada. Los mecanismos descriptos por Melanie Klein, como el *splitting* y la identificación proyectiva, le sirvieron a Bion como instrumentos para sus observaciones en los grupos. Su experiencia como psicoanalista, con pacientes severamente perturbados, se unió a lo ya observado en los grupos, para conceptualizar que la personalidad puede fragmentarse y evacuar estos fragmentos, no solo en el nivel de una fantasía omnipotente. A través de la identificación proyectiva realista, pueden producirse funcionamientos que no quedan confinados a los límites anatómicos de una persona. Es decir, la personalidad no termina en la anatomía.

En los grupos se puede observar que la identificación proyectiva produce funcionamientos contagiosos y nunca debe olvidarse que no hay relación inmune al desgaste de la externalización de las relaciones internas. La habilidad con la que la gente manipula a otros, para desempeñar roles en el drama de su vida de fantasía, es superada únicamente por el entusiasmo con que las personas están dispuestas a actuar o encarnar dichos papeles. Bion hizo un poderoso aporte al concepto de contratransferencia en psicoanálisis, derivado en parte de sus observaciones de los funcionamientos grupales[19]:

> «La experiencia de la contratransferencia me parece que tiene una cualidad muy distintiva, que debería posibilitar al analista diferenciar cuándo es objeto de una identificación proyectiva y cuándo no. El analista siente que está siendo manipulado de una manera tal, como para 'jugar' un rol (un papel) en la

---

19 Observaciones que fueron retomadas por L. Grinberg con el concepto de contraidentificación proyectiva. "Sobre algunos problemas de la clínica psicoanalítica determinados por la identificación y la contra identificación proyectiva", *Revista de Psicoanálisis* ISSN n. 71-2014.

fantasía de otro, que no importa cuán difícil sea de reconocer – y lo haría si no fuera por lo que en mi registro, solo puedo llamar una temporal pérdida de *insight*, una sensación de experimentar fuertes sentimientos y al mismo tiempo el creer que su existencia es bastante adecuadamente justificada por la situación objetiva [...]. Yo creo que la habilidad de salirse uno mismo (el analista) de la sensación anestesiante de realidad, concomitante a este estado, es el primer requisito del analista en el grupo [...]; en un tratamiento de grupo muchas interpretaciones, entre las cuales las más importantes, tienen que ser hechas a pesar de las reacciones emocionales del analista. Creo que esas reacciones se deben al hecho de que el analista de grupo está recibiendo lo que Melanie Klein denominó identificación proyectiva, y este mecanismo juega un papel muy importante en los grupos». (*Experiencias en grupos*, p. 149, inglés).

Estos son algunos criterios para darse cuenta de la experiencia de haber sido objeto de una identificación proyectiva: la pérdida temporal de *insight*, durante una experiencia emocional cuya cualidad parece incuestionablemente justificada, seguido por el *insight* y el sentimiento de haber sido dominado por la fantasía de otro, se constituyen en un instrumento científico de aquello que podría potencialmente usarse como un obstáculo. El darse cuenta está acompañado de sentimientos de ansiedad y humillación que estimulan impulsos hacia la retaliación.

Por medio de estas observaciones y conceptualizaciones Bion establece una relación entre sus trabajos con grupos y en un psicoanálisis, con la cualidad de una *visión binocular*. La técnica psicoanalítica de examinar la transferencia, desde una posición que es al mismo tiempo desde adentro y desde afuera de la relación, se enriquece con esta perspectiva desde los grupos, que permite reconocer la posibilidad de perder y recobrar el insight.

Estas experiencias dieron lugar a la profundización de los desarrollos de instrumentos técnicos que Bion realizó en *Atención e interpretación* cuando sugirió la disciplina de "sin memoria, sin deseo y sin entendimiento", aunque con la historia de Palinuros[20] también quiso transmitir la idea de que las poderosas y primitivas fuerzas emocionales a veces son inescapables. Se está refiriendo aquí también a la tarea analítica: en la sesión, en la relación analista y paciente, las fuerzas emocionales y su turbulencia a veces son inescapables.

El concepto de contra-transferencia, ampliado en este sentido, puede extenderse provechosamente fuera del consultorio, para indicar oportunidades en que los funcionamientos grupales hacen sentir su fuerza, logrando que una persona pierda, aunque sea transitoriamente, su insight respecto de la naturaleza de la situación emocional.

Estas nociones toman en cuenta las fuerzas emocionales que operan en la contratransferencia, que se suman a aquellas que surgen del nivel del funcionamiento grupal a nivel de los supuestos básicos, ya que paciente y analista son un grupo. Si pensamos en ese sentido al analista como un líder, que en lo regresivo puede dar la espalda (negar) al dolor, evitar el contacto con el paso del tiempo y con el desarrollo, vemos el contraste con el funcionamiento del grupo de trabajo (entre paciente y analista), que puede ser visualizado como un funcionamiento científico en el sentido de contacto con la realidad, aunque sea rudimentario, que permite

20 Palinuro fue el piloto de la nave de Eneas desde su salida de Troya tras la destrucción de la ciudad. Cuenta Virgilio en la *Eneida* que, tras parlamentar Venus y Neptuno, este le prometió a la diosa que los troyanos arribarían al Lacio con navegación segura a cambio de una ofrenda humana. Durante la travesía nocturna, Somnus (equivalente romano de Hipnos) visita a Palinuro y lo duerme; Palinuro cae al mar, llega a una playa y allí lo matan unos bandidos. Se cumple así la profecía neptúnica, aunque aún habrán de encontrar dificultades por tierra los troyanos, antes de llegar a Italia.

afrontar el crecimiento y el paso del tiempo; esto arroja un *insight* sobre el hecho que tanto el individuo como el grupo están expuestos a desarrollar un equipo, tanto para el *insight* así como un equipo para la "desmentida" de la realidad. (*Cogitations,* p. 99-100, inglés). Voy a volver sobre este punto cuando aborde el conflicto en relación al crecimiento. Ahora quiero retomar estas ideas a la luz de los desarrollos de Bion en relación al místico, el grupo y el Establishment.

Místico, grupo, crecimiento mental y cambio catastrófico

La evolución que Bion hizo a lo largo de su obra lo llevó a formular en primer lugar los problemas que plantea el aprendizaje por la experiencia emocional para considerar luego las diversas aristas de lo que denominó crecimiento mental.

El subtítulo de *Transformaciones* es "Del aprendizaje al crecimiento". Su modelo subyacente es el de un Universo en expansión, de la necesidad de una evolución. Si para Freud era necesario hacer consciente lo inconsciente y donde estaba el ello debía advenir el yo y para Melanie Klein había que llegar a la integración de la posición depresiva, para Bion la cuestión es la necesidad de evolución de un crecimiento en dirección hacia la consideración a la vida y el respeto a la verdad. Es necesario entonces enfocar los obstáculos, los factores que inhiben los objetos que estimulan hacia el crecimiento.

El conflicto en relación a la evolución de la mente implica el problema de cómo atravesar las cesuras necesarias para poder conjugar las fuerzas emocionales de la mente primitiva con los aspectos más "científicos" en una tarea que para la persona, el grupo o la sociedad, sea de crecimiento.

En referencia a cómo desarrollar *insight* en esta tarea surgen los términos genio, místico, mesías y grupo. También el término *Establishment.*

De *Experiencias en grupos* sabemos que el genio y el mesías pueden ser fácilmente investidos con las características del líder de SB y por lo tanto constituirse en un obstáculo para el crecimiento ya que el funcionamiento de SB es hostil al paso del tiempo y a la evolución. El término *genio* lo vuelve a usar en La Tabla cuando se refiere al problema del mentiroso y en *Atención e interpretación* cuando considera que muchas veces se relaciona genio con psicótico y él sostiene que hace falta un genio para manejarse con los mecanismos psicóticos. En La Tabla relata, con mucho humor e ironía, cómo cuando tuvo que empezar a escribir y a dar conferencias se encontró lamentándose por no haber nacido mentiroso. En seguida se dio cuenta de que estaba lamentando la falta de una característica que de hecho es innata aunque tuvo que esperar, como siempre, al genio para llegar a su plena capacidad. "*In this case the genius, or group genius, who invented speech released the liar from his bondage*"[21]. (La Tabla, p. 20, inglés). Esto es muy interesante puesto que aquí plantea que cualquier característica primitiva, pre-natal, tiene que esperar al genio para desarrollar su plena capacidad. Pero puede tratarse de una característica que lleve al crecimiento, a la consideración por la vida, por la verdad, que podríamos llamar "científica" o de una característica tendiente a evadir el dolor, hacia la evasión del contacto con la realidad, sea interna o externa, una tendencia tóxica, "mentirosa" que lleva al deterioro.

El místico es el que puede tener contacto directo con la Divinidad (el inconsciente) y esto requiere una disciplina de opacidad hacia lo sensorial, de la memoria, del deseo y del entendimiento. El término *místico*, que es el que finalmente elige en *Atención e interpretación,* puede entenderse como la idea mística: la idea aún desconocida, aún no evolucionada. Es necesario el místico (que implica transformaciones en O: at-one-ment) para contactar la

21 "En este caso el genio, o el genio grupal que inventó el lenguaje liberó al mentiroso de su cautiverio".

idea, pero también hace falta el grupo y las transformaciones en K (disposición a descubrir y formular el descubrimiento) para que la idea pueda ser usada por el común de la gente que no son genios. Aquí Bion introduce el término *Establishment* como puente entre el místico y el grupo. El grupo necesita del místico, la idea mística es vitalizadora, es un nutriente para el grupo. El místico también necesita del grupo. La función de un *Establishment* que coopera hacia el crecimiento es realizar la tarea de tomar la idea innovadora del místico y trasladarla de modo tal que el grupo pueda soportar la idea creativa. En ese caso el *Establishment* sería un continente para la idea del místico.

La idea mesiánica es una idea desconocida y es odiada y temida al mismo tiempo.

Frecuentemente el grupo (en funcionamiento de SB) intenta tratar con la idea a través de la proyección y la materialización. En consecuencia, la idea se "encarna" en una persona: no se trata ya de una idea sino de algo mucho menos asustante, una persona o cosa. En un juego de palabras, de nuevo con mucho humor e ironía, Bion dice que las personas físicamente pueden ser detenidas, ya sea por idealización (y probando que son reales) o por "*realization*" (y probando que no son ideales).

Pero las reglas del crecimiento psíquico son difíciles aún de determinar.

El místico puede considerarse, a mi juicio, como el momento intuitivo de la tarea que –si conserva una cualidad de pre-concepción, expectativa abierta, no saturada– es al mismo tiempo indefenso, porque está en sus comienzos, porque no adquirió aún forma, no creció, pero es poderoso por su potencialidad de crecimiento.

Bion sostiene que el místico puede ser a la vez creativo y destructivo. Se propone mostrar que en la relación entre el místico y el grupo se puede observar un patrón emocional que se repite a lo largo de la historia y que toma diversas formas. No se puede prescindir del *Establishment*, al que Bion también llama grupo institucionalizado de trabajo en *Experiencias en grupos*. El *Establishment* es esencial para el desarrollo del individuo incluido el místico, tanto como este lo es para el grupo. El *Establishment* es el que contiene la continuidad de la identidad del grupo y la estructura. Su tarea es también evitar que la idea se encarne en el genio o místico, con el peligro consiguiente de transformarlo en un Dios al que se trata con "*awe and reverence*" (admiración y reverencia), es decir materializar la idea o dogmatizarla y endiosarla. Se la priva así de posibilidades de evolución.

De este modo, en la evolución del pensamiento de Bion con respecto a la dinámica y funcionamiento de los grupos, el modelo bipolar propuesto inicialmente (grupo de SB y grupo de trabajo) aparece transformado en la relación del místico, el grupo y el Establishment.

La investigación de esa relación como una relación continente-contenido –que a su vez puede ser simbiótica, comensal o parasitaria– brinda nuevos instrumentos para abordar la investigación de los problemas de la relación entre los funcionamientos primitivos y los del grupo de trabajo.

La relación continente contenido Bion la concibe con dos modelos diferentes:

1) El modelo militar: un ejército conteniendo, manteniendo a raya a otro. Esta modelo da la posibilidad de concebir dos modos de funcionamiento: grupo de SB y grupo de trabajo, parte psicótica y no psicótica de la personalidad como dos fuerzas en la que una trata de impedir el avance de la otra.
2) Una relación sobre el modelo de un continente con cualidad receptiva y un contenido con cualidad de penetración. Para este modelo utiliza significativamente los signos masculino y femenino: que tienen por un lado una cualidad de abstracción y al mismo tiempo son evocadores de la matriz común de la expe-

riencia emocional de la que surgen. Este modelo surge también como un modo de conceptualizar la relación entre la identificación proyectiva del bebé, contenido con capacidad de penetración y la cualidad continente, receptiva del *rêverie* materno. Este es también su modelo del origen del pensamiento. Cuando la relación continente contenido es simbiótica (dos que se unen para beneficio mutuo, y/o para beneficio de un tercero) la identificación proyectiva es usada como un modo comunicativo y es desintoxicada y transformada en significado, puede así devenirse en una pre-concepción abierta a nuevos significados.

En términos de grupo, es el *Establishment* en una relación simbiótica con la idea mesiánica el que puede cumplir con la función de continente, que atenúa la cualidad disruptiva de la idea nueva, la desintoxica, para que como un nutriente pueda ser accesible a todo el grupo que no es genio. Estas características de la relación son factores de crecimiento.

Dejaré pendiente para más adelante la pregunta de qué características debe tener el Establishment para cumplir con estas condiciones y cuando la relación entre místico y grupo es destructiva o comensal.

En la relación comensal continente-contenido conviven sin tocarse, sin entrar en relación; la cesura es muy amplia, no se produce conflicto. Es lo que Bion señala que pasó con las ideas heliocéntricas de Aristarco de Samos, que no produjeron conflicto y fueron olvidadas, a favor de las geocéntricas, hasta que el invento de un instrumento, el telescopio, dio la posibilidad de su verificación. Las ideas de Galileo produjeron conflicto con el grupo y finalmente fueron aceptadas. Por eso Bion se pregunta si es necesario el conflicto y supone que sí, para que se dé la posibilidad de transformación hacia un crecimiento.

La relación parasitaria entre continente y contenido es una relación de destrucción mutua. La identificación proyectiva es explosiva, destructora del continente. Pueden darse la proliferación de escisiones como la que Bion describe en *Experiencias en grupos* como resultado de los cambios aberrantes.

También puede producirse la identificación proyectiva en un hecho que parece funcionar como continente armonizador, pero que no es usado como "hecho seleccionado" sino que la identificación proyectiva funciona como evacuación de un contenido en un receptáculo continente, donde lo identificado proyectivamente quede bien encerrado de modo tal que no vuelva a la personalidad de la que fue expulsado. Esta última modalidad puede a menudo ser observada en los tratamientos de pareja en donde es necesario el cambio, la evolución, pero esto está trabado porque implica que cada uno de los integrantes recuperen y alojen lo que habían identificado proyectivamente en la pareja.

También es uno de los problemas que se puede observar en los duelos patológicos.

En la relación entre los funcionamientos psicóticos e Instituciones, grupos, la parte psicótica puede enrolar a la Institución o grupo a su causa (en función de la grupalidad de los SB) disputando el uso al funcionamiento del grupo de trabajo, que trata de enlistar a la institución para la cooperación en la tarea. La tarea que demanda no solo ajuste a la realidad sino desarrollo, nuevas aperturas.

La investigación de las vicisitudes de la relación continente-contenido como configuraciones que pueden a su vez ser simbiótica, parasitaria o comensal, brinda nuevos instrumentos para abordar la investigación de los problemas de la relación entre los funcionamientos primitivos (de SB en el primer modelo) y los funcionamientos que tienden al desarrollo (grupo de trabajo).

A su vez las ideas del capítulo 12 de *Atención e interpretación* –continente-contenido transformados, que corresponden a su artículo sobre cambio catastrófico–, iluminan otros problemas del crecimiento y la evolución.

El crecimiento, sostiene Bion, es atemporal y catastrófico. Para que el crecimiento y la evolución tengan lugar se deben dar las condiciones para que se produzca un cambio catastrófico, una de esas condiciones es cuando la relación entre continente y contenido es simbiótica.

Cambio catastrófico es un término utilizado por Bion para señalar una conjunción constante de hechos, cuya realización puede encontrarse en el campo de la mente, del grupo, de la sesión psicoanalítica, de la sociedad.

Los hechos a los que la conjunción constante se refiere pueden ser observados cuando aparece una idea nueva en cualquiera de estas áreas. La idea nueva contiene una fuerza disruptiva que amenaza con una ruptura más o menos violenta a la estructura y organización ya dada en la que se manifiesta.

El cambio en el sentido de un crecimiento implica transformación de una estructura, o parte de ella. Esta transformación no puede hacerse sin atravesar por momentos de desorganización, dolor y frustración.

La organización ya dada tiene que desarmarse, lo nuevo logrado implica una selección, es decir tolerancia a lo no logrado, y también tolerancia a la incertidumbre, por los nuevos problemas revelados, que antes no habían sido descubiertos, es decir por las nuevas aperturas.

Se puede usar el modelo de la relación continente-contenido para estudiar estas vicisitudes: la idea nueva puede considerarse un contenido, la mente el individuo, la sociedad un continente, o viceversa, e investigar la relación y las interacciones posibles.

La configuración que Bion liga con el término *cambio catastrófico* es subversión del sistema, violencia e invariancia. Estos son elementos inherentes a la transformación en crecimiento. Cambio catastrófico no es sinónimo de catástrofe pero puede ocurrir que sí, que al atravesar turbulencias se activen los problemas de crecimiento y si la relación continente-contenido toma la configuración parasitaria de despojo mutuo, se produzca, en lugar de un cambio, una catástrofe mental, somática, del grupo, social, etcétera.

Desde el enfoque de grupo de SB y grupo de trabajo podemos considerar estas descripciones de Bion como las tendencias evitativas de los hechos del funcionamiento de los SB, frente a todo lo que implique evolución y que puede manifestarse entre otras formas en tentativas de expulsión, deificación, dogmatización, de la idea nueva. Podemos considerarlas como reacciones defensivas frente al cambio catastrófico.

Para pensar este problema también es útil un modelo que propone Bion: los funcionamientos primitivos, llamados también pre-natales, en sus últimos trabajos, en el contacto, con el tiempo y la evolución son como ciegos de nacimiento, a los que se intenta que se den cuenta de fenómenos que solo pueden ser accesibles para aquellos a quienes las propiedades de la luz le son familiares.

Bion utiliza el término *místico* para referirse a individuos o ideas excepcionales en cualquier campo: científico, religioso, artístico, etcétera.

La palabra *Establishment*, tan difundida hoy en día, la toma para referirse a los aspectos del sistema con poder y responsabilidad en el Estado y otras instituciones. Usa ese término por extensión, para nominar todo aquello que ejerce estas funciones en la personalidad o en el grupo. Tiene la función de mantener la organización e identidad del grupo.

El místico es portador de la idea nueva, la idea nueva es siempre disruptiva para el grupo. Pero la idea nueva es vitalizadora, es un nutriente fundamental para el crecimiento.

El *Establishment,* cuando cumple sus funciones en una relación simbiótica trata de proteger al grupo del efecto disruptivo de la idea nueva e intenta transformarla para hacerla accesible al grupo. A su vez tiene que evitar que el místico "encarne" la idea, "se la crea": esto implica megalomanía y es destructivo para el místico y para la idea. También la fuerza disruptiva de la idea nueva puede ser quitada, desvitalizándola a través de la dogmatización o deificación.

Aquí ya no estamos hablando solo de la relación entre lo primitivo y evolucionado. Se trata de un problema que Bion considera que se ha planteado con configuraciones similares a lo largo de la historia.

El místico necesita del Establishment y este del místico. El grupo institucionalizado es tan esencial para el desarrollo del individuo como el místico es fundamental para el grupo como contenido o continente revitalizador.

El místico puede ser creativo o destructivo. En el mejor de los casos será creativo, pero lo nuevo que trae va a destruir, alterar ciertas leyes, convenciones, cultura o coherencia del grupo.

El *Establishment* tiene como función lograr una adecuada contención y representación de la idea nueva, atenuando el carácter disruptivo y al mismo tiempo haciéndola accesible a los miembros del grupo que no son geniales.

La fuerza disruptiva del místico queda contenida o no de acuerdo también al medio de comunicación que utiliza a través del cual vehiculiza su mensaje. Si el medio en que lo transmite es de identificación proyectiva estimulará los fenómenos de SB.

En ese sentido Bion propone el lenguaje de logro, que es aquel que contiene un alto grado de capacidad negativa[22], por su cualidad creativa y promotora de cambios para atravesar la cesura entre el místico y el grupo. Es un lenguaje que no opera como substituto del pensamiento, sino que tiene como preludio al pensamiento y a la vez es abierto, no saturado.

Lenguaje de logro, cesura y crecimiento

En la relación entre el místico, el grupo y el Establishment, las configuraciones recurrentes en las descripciones que trae Bion de

22 Capacidad de tolerar las dudas, los misterios sin apelar a la razón.

la historia, son la de una fuerza potencialmente explosiva con un marco que intenta contenerla. La historia muestra también que esto nunca ha sido demasiado logrado hasta ahora.

Dada esta configuración recurrente, que en el mejor de los casos puede describirse como la relación entre el místico, el genio, con su función vitalizadora y el *Establishment* con sus funciones de contener, expresar e institucionalizar la idea nueva y al mismo tiempo proteger al grupo del poder disruptivo de la idea nueva, quisiera plantear dos cuestiones en relación al crecimiento. El crecimiento no puede lograrse en una relación comensal, porque las cesuras son demasiado grandes y no se produce conflicto, no hay crisis no hay cambio.

Obviamente, si la relación es parasitaria, se producen cambios, pero en dirección a la catástrofe, al deterioro.

El crecimiento depende de una relación continente-contenido simbiótica, que supone además vínculos L (amor) H (odio) y K (conocimiento). Pero además implica inevitablemente confrontación, crisis, conflicto.

1) ¿Cuáles son las condiciones para que la dirección sea hacia el crecimiento?
2) ¿Cuál es el equipo más adecuado para que el *Establishment* pueda con sus funciones?
3) El cumplimiento de estas funciones, ¿produce algunos restos tóxicos?
4) ¿Qué implicancia tiene la transformación de la idea mesiánica para que los miembros del grupo puedan soportar la idea creadora?
5) ¿Cómo proteger al genio para que quede como portador de la idea y no como el que encarna la idea?

Para que la idea pueda perdurar y al mismo tiempo transformarse y abrirse a nuevas evoluciones, Bion propone la necesidad de un *Establishment*, de una organización con una cualidad continente pre-conceptual, que mantenga una cierta estructura pero al mismo tiempo también admita un aspecto de no saturación abierto a nuevas evoluciones.

En su Conferencia "Doing the best of a bad job"[23] dice: «Cuando dos personalidades se encuentran se produce una tormenta emocional. Si hacen suficiente contacto como para percatarse el uno del otro, o como para no percatarse el uno del otro, se produce una tormenta emocional por la conjunción de estos dos individuos y de no haberse encontrado, el desorden resultante difícilmente hubiera llegado a considerarse como una evolución [...] pero como efectivamente se han encontrado y como efectivamente se ha producido una tormenta emocional, las dos partes que participan de esta tormenta quizás decidan cuál es la mejor forma (o el mejor equipo) para hacer frente al problema».

En esta Conferencia vuelve a platear los ejes básicos del problema: hay cuestiones de azar imponderables sobre los que no tenemos ningún control. ¿Podremos tolerar la incertidumbre?

Hay cuestiones de decisión que en parte dependen de nosotros: las decisiones nos demandan que aceptemos las implicancias de lo elegido y de lo no elegido.

El cambio hacia el crecimiento es vital para el individuo, el grupo, la sociedad.

Las tendencias hacia el crecimiento coexisten con aquellos que se le oponen, y más aún los nuevos "dones", los logros, los "inventos", tales como el lenguaje, por ejemplo, pueden ser usados para oponerse o destruir el crecimiento.

Además de los factores de destructividad, es necesario considerar los factores de la actitud frente al dolor mental. "Atreverse a reconocer los hechos del Universo en que existimos requiere coraje". Esto es lo que está implicado en lo que Bion llama los métodos "científicos" –aunque sean rudimentarios– para modificar el dolor, así como desarrollar la capacidad de tolerancia a los dolores inevitables, como los que están implicados en los hechos que llamamos "azar" y "decisión".

---

23 Haciendo lo mejor de un trabajo difícil.

Los métodos de evasión del dolor son soluciones falaces, en un sentido mentirosas y tóxicas.

«El supuesto básico del psicoanálisis consiste en que la 'función' pueda usarse para enmendar soluciones falsas».

El psicoanálisis y la experiencia parecen mostrar que las cesuras se hacen demasiado rígidas e impenetrables y los estados emocionales primitivos que Bion llamó de SB quedan aislados, cuando el grupo de trabajo solamente está dedicado al contacto con los problemas de la realidad externa. También es necesario considerar las evidencias de arreglos de compromiso que no ponen en crisis al sistema, de modo tal de mantener en vigencia un conjunto de creencias primitivas, no observadas, en paralelo con desarrollos, sobre todo logros en la relación con el mundo externo. Estas soluciones son falsas, porque evitan el conflicto pero no pueden proteger o evitar que esas sucesivas evitaciones, en un momento dado, se desequilibren y surja lo disruptivo como catástrofe. Si tomamos el modelo de las construcciones antisísmicas, vemos que para atravesar las cesuras hacia el crecimiento, es necesario un equipo con un cierto grado de plasticidad, de flexibilidad.

Volviendo entonces a la pregunta del equipo: ¿qué hace falta para conjugar identidad y organización junto con aperturas, que funcionen como pre-concepciones, abiertas a aproximarse a nuevas realizaciones?

En cierto modo, los científicos de las ciencias duras han aceptado una epistemología en la que las hipótesis tienen que ser refutables, falsables (Popper) y se han preguntado e intentado responder a la pregunta acerca de los cambios de paradigma.

Pero esto siempre en el campo de la razón y del mundo externo.

En el campo de una ciencia de lo animado, humano, no sensorial, ¿cómo sería el equipamiento de un grupo de trabajo que provea de una función alfa, un equipo científico para el contacto y comprensión tanto de la realidad emocional como de la realidad externa?

Capítulo 3

Psicoanálisis y realidad. Psicoanálisis en tiempos de pandemia

"If psychoanalytic intuition does not provide a stamping ground for wild asses, where is the zoo to be found to preserve the species? Conversely, if the environment is tolerant, what is to happen to the 'great hunters' who lie unrevealed or reburied?"

Bion, 1991[24]

Los hombres en sus generaciones son como las hojas de los árboles. El viento sopla y las hojas de un año se desparraman en el suelo. Pero los árboles estallan en capullos y se visten con otras nuevas cuando llega la primavera.

Homero, *La Ilíada*

Subjetividad en el tratamiento psicoanalítico

Una de las metáforas más sugerentes expresada por Freud (1913) para representar la posición mental y afectiva de "abstinencia" y

24 "Si la intuición psicoanalítica no provee un lugar donde puedan potrear los asnos salvajes, ¿dónde estará el zoológico que pueda preservar la especie? Por el contrario, si el ambiente es tolerante, ¿qué va a ocurrir con los 'grandes cazadores' que yacen no revelados o vueltos a enterrar?" (Bion, 1991, mi traducción).

"neutralidad" del analista es aquella que describe la posición recíproca de analista y paciente en el compartimento de un tren en movimiento: el analista está sentado en el ángulo más lejano de la ventanilla, mientras que el paciente mira hacia afuera de la ventanilla y describe al analista lo que está viendo. En esta descripción se le da absoluta prioridad a la realidad "transformada" del paciente. ¿Cómo es la relación entre realidad externa y realidad psíquica en un psicoanálisis? Con las nociones de campo (Baranger, 1969) y de vínculos (Bion, 1962) el analista entra en la tarea analítica con todo el espesor de su vida mental. ¿Cómo transformamos los hechos de la realidad externa en nuestro mundo interno? *Transformación*, un término acuñado por Bion para ser usado en el contexto del psicoanálisis, alude y enlaza la idea que la vida psíquica –sean cuales fueren los diferentes niveles en los que se los observe– va a tener dos características comunes: *movimiento y cambio*. El psicoanálisis se ocupa de las experiencias emocionales de ambos miembros de la pareja analítica, experiencias que solo podemos conocer a través de sus transformaciones. Bion diferencia "transformaciones en movimiento rígido" –es decir en *pensamiento*– de transformaciones *proyectivas,* y por último incluye transformaciones *en alucinosis.* También podemos pensar en transformaciones somáticas, a nivel del cuerpo. En tiempos tales como estos, frente a la presencia de una realidad externa tan fuerte como la del Covid 19, ¿cómo la pensamos en el tratamiento psicoanalítico? Estamos frente a la misma realidad, una realidad que por momentos parece catastrófica, y de un modo simétrico con la del paciente. La mayoría de los pacientes en su discurso manifiesto, y a veces de modo evacuativo, abundan en hechos, datos y problemas que pertenecen a la realidad externa actual y a un mundo conocido por todos. Esta presencia puede ser constante, tanto en nuestros consultorios, en el encuadre, en la libre asociación, en la atención flotante, en la transferencia-contratransferencia así como en el intercambio con colegas y merece un estudio especial. Nos lleva a plantearnos si algunas de las teorías que hasta ese momento nos son útiles y abarcan los hechos clínicos cotidianos siguen bastando para conceptuar y para instrumentar las técnicas correspondientes en estas condiciones de excepción.

Este tema ya fue abordado por J. Puget y L. Wender en su trabajo "Analista y paciente en mundos superpuestos".[25] Estos autores sostienen que, frente a la situación que describen (la guerra de Malvinas) "los pares analista-paciente compartieron un medio y una problemática acerca de la cual ambos poseían informaciones y noticias de interés y trascendencia común. Los pacientes, candidatos, colegas o cuasi colegas, como decía D. Liberman, se transformaron por momentos en informantes inevitables para el analista, activándole cuestiones personales. El atractivo que dichos comentarios despertaban no era precisamente para comprender en profundidad al paciente, sino tan solo para satisfacer una curiosidad personal. También el analizado sabía que el analista poseía datos que en un determinado momento tendrían eventualmente que explicitarse. Todo esto amenazaba desbaratar el equilibrio del mundo del 'como si' de cada análisis».

Hoy en día, frente a la realidad compartida de la amenaza del Covid 19, ¿cómo tomamos en cuenta esta realidad en el tratamiento? Por de pronto –como una cuestión que privilegia el cuidado frente a la posibilidad de contagio– la mayoría de nosotros hemos decidido cambiar el encuadre de las sesiones presenciales por sesiones telefónicas, o por Skype o por Zoom, como una cuestión elemental de cuidado.

Algunas preguntas: ¿cambia en algo lo esencial del tratamiento psicoanalítico este cambio de encuadre? Y si cambia, ¿en qué sentido es este cambio y/o qué implica? Pareciera que a veces,

---

25 Puget, J., Wender, L., 1982. "Analista y paciente en mundos superpuestos", *Psicoanálisis*, Vol. IV, n. 3, pp. 503-532. 1982. 1991.

en situaciones como esta, resulta difícil delimitar con nitidez el campo analítico del campo de la realidad externa, confundidos ambos por la cantidad de información de aquello que es ya de dominio público. *El mundo externo cotidiano por momentos parece que comienza a contaminar el campo analítico.* Además en nuestro medio es frecuente que analistas y pacientes vivan y abreven en un contexto común, es decir se frecuentan los mismos lugares, se conocen las mismas personas con sus anécdotas y mitos, etcétera. Los pacientes y nosotros frecuentemente pertenecemos a un sector sociocultural semejante. *La información proveniente de ese microcosmos constituye el vehículo o la materia prima de la temática que se manifiesta en la sesión.* Como metáfora podemos decir que todo este material discursivo va a ingresar por un lado diferente del que proviene del mundo objetal del paciente, de sus primeras relaciones y de su anecdótica. Esto me lleva a pensar que cada vez que una realidad externa común, con tal fuerza como la de hoy del Covid 19, aparece en el campo analítico con sus datos, puede producir transformaciones y distorsión en la escucha del analista en cualquier tratamiento. Esta problemática nos coloca diariamente frente dificultades técnicas específicas. Este material del mundo compartido, si bien contiene el emergente del conflicto transferencial neurótico o psicótico de cada paciente, posee además una característica selectiva, en el sentido de activadora del mundo propio del analista. Parece por momentos promover una tendencia a participar, a "compartir". Es un compartir involuntario y por momentos parece inevitable. También, en la disposición a compartir del analista, podemos considerar que están sus mejores series complementarias, es decir lo esencial de su vocación, basada en el interés por conocer y transmitir lo que surge del inconsciente del paciente y a través del método psicoanalítico y su técnica, contribuir a que este pueda conocer y reparar en lo posible la índole de sus problemas. Pero esto incluye también una demanda que mantiene al analista en un estado de delicado equilibrio y que comporta un riesgo, ya que las posibilidades reparadoras de un análisis se ven amenazadas por el predominio de funcionamientos primitivos, que son reactivados en la transferencia.

El análisis del analista es uno de los factores que lo preserva de la reactivación de sus propios funcionamientos primitivos y la técnica analítica; pero ¿qué sucede cuando aparece esta cuestión de los "mundos en común" compartidos? Para definir esta zona de realidad compartida, J. Puget y L. Wender decidieron llamarla: "mundo superpuesto". Estos autores sostienen que dicha zona suscita problemas técnicos y éticos, que los analistas solemos resolver con recursos artesanales improvisados. *Tales recursos pertenecen a esa franja sutil en la que se privilegia la intuición*. Es cierto que esas intuiciones posteriormente puedan reflexionarse desde el pensamiento científico de la teoría psicoanalítica. Pero es posible considerar también que existe el riesgo que desde el material del "mundo superpuesto" pueda irradiarse un efecto tóxico, patógeno, que a su vez puede transformar la tarea analítica.

En ese sentido podemos imaginar que en la sesión el analista puede quedar protegido para ejercer su función bajo los cuidados que le brinda el encuadre. Pero ahora, con esta realidad del Covid 19 tal vez algunos de nuestros recursos pueden ayudar, tales como la constancia de la regularidad temporal y espacial (*aunque ahora, por teléfono o Zoom, no está el espacio del consultorio*), el derecho al silencio y a la abstinencia, el ocultamiento de la visual del paciente (*ya no si es por Zoom o Skype*), el aislamiento del mundo exterior, que producen la condición operativa del analista "encuadrado" en su encuadre, que sabemos que no es solo externo sino interior.

¿Cómo funciona el silencio en una sesión telefónica? Como sabemos hay distintas clases de silencio. Podemos pensar que el análisis del analista, su disociación instrumental mediante el silenciamiento de su conflictiva personal, dispondrá su escucha en *atención flotante libremente dirigida*. Estos recursos tienden a promover una disposición hacia la indagación y descubrimiento del mundo psíquico de su paciente. Dichas condiciones permiten el ingreso de cualquier mensaje siempre y cuando pueda ser decodificado con tiempo y tarde o temprano transmitido al mundo interno e inconsciente del analizado. Pero a veces observamos que dichos recaudos ideales protegen poco contra la *irrupción del mundo superpuesto*. Esta irrupción producirá un efecto paradójico, pues si bien en apariencia el mundo superpuesto crea un universo que aproximaría al analista a su analizado, a la larga será el que más lo aleje del descubrimiento del inconsciente. Para el paciente el material anecdótico seguirá siendo su objeto psicoanalítico, mientras que para el analista puede convertirse en un referente que alude al mundo extra-analítico. El analista habrá sufrido un cambio y entonces puede inconscientemente apropiarse del dato anecdótico, no incluyéndolo como material del paciente, y esto en cierto modo amenaza con romper la triangularización: es decir, paciente y analista "mirando" y descubriendo el mundo interno del paciente, que da acceso al descubrimiento de cómo este funciona y a la posibilidad de darle un nuevo significado. En ese caso, si se toma así una anécdota o una información, no se trataría más de algo perteneciente al mundo psíquico del paciente, de una asociación más. Y si eso sucede, los dos mundos superpuestos se transforman en una comunicación en espejo y se interrumpe la función analítica de la comunicación. El analista deja su función analítica y el paciente prosigue su tratamiento como o cuanto puede. El analista se ha salido de la transferencia. El mundo complementario psicoanalítico, que se crea en la transferencia se ha distorsionado.

Quisiera proponer la posibilidad de pensar ahora esta condición del analista, activada por el fenómeno de los mundos superpuestos, como una *reacción traumática* de características peculiares. ¿Por qué traumático para el analista? En el caso de lo que Puget y Wender han llamado "mundos superpuestos" ya nos hemos referido a situaciones de tal extensión y magnitud, como lo es hoy en día la epidemia del Covid 19, como hecho en sí mismo, que afecta a ambos integrantes de la pareja analítica por igual y en ese sentido puede afectar la comunicación analítica. Su magnitud será variable. ¿No es adecuado, entonces, en situaciones como las que estoy describiendo y que hoy vivimos con el Covid 19, interpretar en la transferencia, a nivel de lo inconsciente y en relación a los objetos internos?

¿Podrán esa clase de interpretaciones ser consideradas como un ataque a la sana capacidad del sentido de realidad del paciente? Como otro antecedente podíamos citar la experiencia de Yolanda Gampel trabajando en Israel con víctimas del Holocausto y lo que les ocurre a nivel psíquico a las siguientes generaciones, descendientes de los que sufrieron la Shoa. Ella se refiere a esa situación como de que *un muro se ha caído sobre la clínica*. Lo mismo podríamos pensar en distintas situaciones en nuestro país, tales como nuestras experiencias como psicoanalistas atendiendo en tiempos del Proceso. En ese sentido el Covid 19 aparece como que es una buena encarnación de ese muro, siendo una realidad compartida con el paciente, que además muchas veces nos ha llevado a cambiar el encuadre, en el sentido de cambiar las sesiones presenciales por sesiones telefónicas, o por Skype o Zoom.

Considerando esta simetría, ¿cómo podemos interpretar teniendo en cuenta la situación compartida, pero también la singular del paciente? Frente a esta realidad compartida, es evidente que sin duda estamos en el mismo barco que el paciente. Podríamos decir que en cierto modo este es un tiempo interesante (con un poco de ironía) y también un desafío para nosotros psicoanalistas, si tratamos de mantenernos en nuestro encuadre y en nuestro trabajo psicoanalítico. Hubo un tiempo en nuestro país, sobre todo cuando estábamos bajo el terrorífico gobierno del Proceso, que muchas veces nos enfrentó en nuestra clínica con situaciones similares.

Teniendo en cuenta este desafío quisiera abordar tres cuestiones:

1) Los psicoanalistas creemos en el mundo interno y frente a esta paradoja –estar en esta situación de simetría frente a la reali-

dad del Covid 19– hoy encontramos en cada paciente lo proyectado sobre el "*muro clínico*" de la pandemia, es decir cómo vive cada uno de nosotros, con su particular subjetividad, esta situación. Si busco en mi clínica me encuentro con una paciente con funcionamientos autistas que dice que se siente muy bien con la cuarentena. Tiene 19 años y desde el comienzo de su análisis hemos tratado de comprender su enuresis, entre otros síntomas, como relacionado con una vivencia de no existir y de falta de límites en cuanto a su persona: *dónde están los límites que la diferencian de los otros.* La evolución en el análisis la llevó a encontrar una vocación en el diseño de indumentaria, donde tiene la posibilidad además de encontrase con los límites corporales. En momentos anteriores, como cuando tenía 8 o 9 años, podía salir desnuda del baño sin tener la menor noción de lo que hacía y para desesperación de sus padres. Hay momentos ahora en que dice "esta soy yo" o "esto me entró", donde surge el sentimiento de existir y de tener un adentro y ser consciente de un afuera. Con la pandemia hemos pasado a un análisis virtual, por Skype, donde ella ha comenzado a contar sueños, cosa que le señalo, y ella me cuenta que en la casa le dicen que *en lugar de hacerse pis ahora sueña.* Por otra parte, mis nietos, de 3, 7 y 9 años, juegan colgando telas, toallas, armando un lugar donde se meten y juegan al aislamiento. Es decir que tratan de elaborar la situación traumática jugando al aislamiento, aunque claro que a veces lloran y extrañan a los amigos. Otro paciente –que tiene hijos pequeños y se ve obligado, por la situación de la pandemia, a turnarse con su mujer para estar con los hijos– descubre una intimidad en esa relación que lo conmueve hasta las lágrimas.

Es decir, vemos la proyección, en esta pantalla uniforme del Covid 19, cómo cada paciente y cada persona viven de un modo distinto sus experiencias. *Cada paciente vive esta situación de la realidad externa según su subjetividad.* En cierto modo como psicoanalista este es un redescubrimiento, frente a una situación de realidad compartida. ¿Por qué redescubrimiento? Porque justamente el psicoanálisis nos permitió descubrir que cada persona vive de un modo singular los hechos de su vida; podemos teorizar sobre los duelos –el duelo como proceso emocional tiene ciertas características comunes– y podemos diferenciar, por ejemplo, *duelo* de *melancolía*, pero es indudable que además tienen características de una singularidad propia de cada persona.

2) Podemos recordar que M. Klein, frente a la situación traumática de la muerte de su hijo, escribió sobre el duelo en el sentido que cada duelo reabría los duelos anteriores. *¿Podemos pensar lo mismo con respecto a los traumas?* Es decir que este es un tiempo en el cual los viejos traumas, que habían sido tratados de algún modo, ya sea que fueran traumas personales, intrapersonales o transgeneracionales, vuelven a emerger de las sombras y vuelven a proyectar la "película del trauma" durante la pandemia. Se me ocurre hablar de "película" porque pienso en lo que se llama *remake*, es decir, "nueva versión". En un sentido podríamos considerar que es una oportunidad de hacer *una nueva versión de la "película" del trauma*, y de volver a elaborar el duelo y los recuerdos de uno mismo y también los transgeneracionales, como lo hizo Yolanda Gampel con las generaciones que siguieron a las que habían vivido el holocausto y que describió en un libro muy interesante que llamó *Esos padres que viven a través de mí*. Es decir, el trauma actual pudiendo ser usado para darles también un nuevo significado y una nueva perspectiva a los traumas anteriores.

3) También como una tercera cuestión, pienso que en estos tiempos turbulentos y angustiantes, podemos pensar que mantener lo que podríamos llamar la "rutina" psicoanalítica del encuadre y las interpretaciones, puede servir en sí mismo como un algo valioso para nuestros pacientes, es decir como una prueba del hecho que nosotros nos podemos mantener como psicoanalistas y que no hemos perdido nuestra curiosidad, nuestro interés por ellos, nuestro cuidado y dedicación en relación a su mundo interno. También de que nosotros pensamos que en cualquier situación –incluso en con-

diciones que imponen los desafíos más arduos– hay un valor en la escucha del mundo interno: siempre ha sido así para el psicoanálisis y con más razón ahora.

El hecho de la interpretación, además del significado en sí mismo que trasmite al paciente, es una suerte de mensaje optimista para él mismo y para su mundo interno. Es un espacio que puede ser abierto para la reflexión acerca de sí mismo y para la potencial transformación y crecimiento mental. El hecho de continuar y mantener nuestra rutina cotidiana ayuda a nuestros pacientes a poder creer en el crecimiento psíquico aún en tiempos tan angustiantes y de crisis como estos.

Por último quiero referirme a algunas de las hipótesis de Bion desarrolladas en su libro *Transformaciones*.

Bion aquí explora la naturaleza de los factores de la función comunicativa entre analista y paciente. En este libro Bion pone en segundo plano la función "representativa" de esta comunicación y pone en primer plano la función que denomina "transformativa". Bion comparte el pensamiento kantiano: la realidad última es incognoscible, solo la podemos conocer a través de sus transformaciones. Esta postulación está íntimamente relacionada con el pensamiento de Freud: solo podemos conocer el inconsciente a través de sus derivados. Paciente y analista entran en contacto no tanto con representaciones de la realidad sino con transformaciones. La realidad última, incognoscible, Bion la denomina O y describe tres modalidades transformacionales: 1) Transformaciones en pensamiento, de las cuales privilegia para la comunicación psicoanalítica lo que denomina, pensamiento onírico, mitos, modelos; 2) transformaciones proyectivas y 3) transformaciones en alucinosis.

No voy a describir aquí cada una de estas transformaciones, pero sí quiero considerar que aun frente a situaciones de la realidad externa muy traumáticas, la modalidad de transformación de esa realidad, es decir cómo transformamos cada uno de nosotros esa realidad, obviamente importa para la posibilidad de su digestión mental.

Capítulo 4

Intuición, capacidad negativa y función psicoanalítica de la personalidad *Una Memoria del Futuro* (1991)

"De golpe advertí cuál era la cualidad que hace a un hombre plenamente realizado, sobre todo en literatura, y que Shakespeare poseía tan enormemente: quiero decir la capacidad negativa, o sea la del hombre capaz de existir entre incertidumbres, misterios, dudas, sin encarnizarse en alcanzar el hecho y la razón..."

Keats

Will psychoanalysts study the living mind? Or is the authority of Freud to be used as a deterrent, a barrier to studying people? The revolutionary becomes respectable –a barrier against revolution. The invasion of the animal by a germ or 'anticipation' of a means of accurate thinking is resented by the feelings already in possession. That war has not ceased yet. If psycho-analytic intuition does not provide a stamping ground for wild asses, where is a zoo to be found 84 to preserve the species? Conversely, if the environment is tolerant, what is to happen to the 'great hunters' who lie unrevealed or reburied?

Bion, *A Memoir of the Future*[26]

26 "¿Los psicoanalistas estudiarán la mente viva? ¿O la autoridad de Freud se usará como un freno, una barrera para estudiar a la gente? Lo revolucionario deviene respetable –una barrera contra la revolución. La invasión del animal por un germen o "anticipación" de un medio de pen-

Comienzo este capítulo con la cita del poeta inglés Keats sobre "La capacidad negativa", que es un factor de la intuición y un estado mental indispensable para el analista en contacto con su paciente.

La capacidad negativa es el don de permanecer fiel a una certeza intuitiva que el razonamiento desecha y que el buen sentido no admite; de conservar un modo de pensar que puede parecer insensato e ilógico desde el punto de vista de la razón y de la lógica, pero que desde un punto de vista más profundo podría revelarse como superior a la razón y trascender la lógica del pensamiento conceptual.

Intuición y *rêverie*

En el comienzo de la vida la más importante función de vincular fue llamada *rêverie* por Bion. Representa el funcionamiento psíquico del primer objeto: el pecho. Quizás sería mejor decir que *rêverie implica la primera relación de objeto con una cualidad especial de empatía, aunque* luego puede extenderse a una capacidad que se desarrolla en otras relaciones: la relación con uno mismo, la relación como analista con el paciente, etcétera. El término *rêverie* intenta enfatizar la *cualidad onírica* involucrada en esta función y lo onírico contiene tanto la posibilidad de representar estados y situaciones emocionales así como la apertura a la interpretación. Para atender a su bebé y contribuir a su crecimiento, la madre ne-

---

samiento riguroso, es resentido por sentimientos que ya se poseen. Esta guerra no ha terminado todavía. Si la intuición psicoanalítica no provee un territorio donde puedan patalear los asnos salvajes, ¿dónde se encontrará el zoológico para preservar la especie? Por el contrario, si el ambiente es demasiado tolerante, ¿qué es lo que va a pasar con los grandes cazadores que permanecen sin revelar o han sido vueltos a enterrar? (Bion, *Una memoria del futuro*, p. 5 en la edición inglesa, mi traducción).

cesita "soñar" *con* el bebé, "soñar" *al* bebé y ayudar al mismo bebé a "soñar", ofreciendo la receptividad y la capacidad desintoxicadora de su mente. M. Klein decía que la angustia es un estímulo para el desarrollo de la personalidad, pero para ello la angustia tiene-necesita ser desintoxicada de su "exceso" por una capacidad mental capaz de pensarla y contenerla.

Es lo que Bion propone con las dos funciones mentales matrices del pensar: 1) la relación continente-contenido y 2) la oscilación PS↔D[27]. En la ampliación del significado del "soñar" –considerando el *rêverie* como una función– la intuición es uno de los factores de ese "soñar". Lo que para el bebé es angustia que puede convertirse en un "*terror sin nombre*", una "vivencia" de aniquilamiento inmediato, catastrófico, es aprehendido y transformado por el *rêverie*, una transformación en algún contenido que el bebé puede asimilar –ahora ya desintoxicado– a su personalidad. Al principio su cuerpo es una de las fuentes de ese terror: hambre, gases, dolor de panza, angustia, etcétera. *Rêverie implica capturar la dimensión intuitiva a través de la capacidad de "soñar" de la madre, la capacidad de recibir la comunicación de las necesidades psíquicas y físicas del bebé, para tenerlas de un modo integrado y atenderlas de una manera adecuada.* Cuando esto sucede el bebé, con el tiempo, también internaliza y desarrolla esta función. *El rêverie es también un canal de comunicación* por donde circulan las comunicaciones intuitivas, si todo va bien. Primero *el rêverie materno* recibe las acciones evacuativas del bebé, sus identificaciones proyectivas, que son un intento de resolver las ansiedades, a través del uso intensivo de la sensorialidad y de la motilidad.

La identificación proyectiva es el medio de comunicación primitivo del bebé y que una madre con *rêverie*, recibe, decodifica y

---

27 Oscilación entre estados mentales de dispersión, hasta encontrar el Hecho Seleccionado que permita la integración, que a su vez no debe cristalizarse, sino dar la posibilidad de una nueva apertura a nuevas experiencias.

devuelve ya desintoxicado del exceso de ansiedad, transformando el llanto, las angustias del bebé en una comunicación. Esto es lo que Freud dice cuando sostiene que el llanto del bebé, en contacto con un semejante, se transforma en comunicación. Más tarde, con el incremento de la complejidad social, esta función desintoxicadora que nombra las experiencias emocionales puede ser ejercida por el padre y una diversidad de personas. Desde ya el *rêverie de la madre* supone o es facilitada a su vez por la contención del padre no solo de la madre sino de la relación mamá-bebé. Las respuestas del entorno pueden estimular el desarrollo de esta función por parte del infante o hacerla mucho más difícil. En *Atención e interpretación*, Bion investiga la mente creativa del genio, del Místico (que necesita del Establishment y de grupo para transformar lo que de él emerge) y parece denominar a la pre-concepción –que es una expectativa que contiene algo de la intuición– con el misterioso nombre de "*pensamiento sin pensador*". ¿Es la intuición un pensamiento sin pensador o que *aún no tiene un pensador?* ¿O es una capacidad que adquiere distintos valores si se complementa o no con el pensamiento y la elaboración de lo intuido? ¿Es una "memoria del futuro"? Bion se refiere a lo sensorial: con los ojos miramos, con los oídos escuchamos, etcétera; los órganos sensoriales aprehenden el mundo sensorial; pero el mundo psíquico, el mundo de las emociones, ¿con qué los aprehendemos? Su respuesta es: la intuición.

Mi conjetura es que con esa compleja formulación de "pensamiento sin pensador" Bion amplía el carácter creativo de su teoría del pensar, que de ahora en adelante cubre el movimiento de la mente humana en dirección hacia el futuro y hacia las emociones y relaciones de objeto, relaciones ya sea con el sí mismo, así como con los otros. Hay pensamientos sin pensador que se abren hacia el futuro esperando ser pensados por un pensador. Desde esta perspectiva se puede pensar el parentesco con la idea de Nietzsche de que lo que la humanidad debe producir es un Superhombre, pero que Bion llama Genio o Místico: son los individuos que llevan a cabo una tarea ligada a lo que podríamos llamar una intuición que –transformada en creación histórica– es capaz de iluminar una verdad que modifica la dirección de la humanidad. Esta es la intuición revelada por individuos llamados genios/místicos que aparecen en ciertos tiempos desarrollando pensamiento y actividades que establecen una *cesura histórica* básica, una historia antes y otra después de ellos, como es el caso de Sócrates, Platón, Leonardo, Shakespeare, Freud, Einstein, Picasso y otros. Pero también cada idea, cada intuición del común de las personas, necesita ser aprehendida por cada uno, para convertirse en estímulo para desarrollar un aparato para pensar y así posibilitar el ser pensada.

La intuición es un factor de la función psicoanalítica de la personalidad y de nuestra tarea como analistas.

Intuición y aspectos prenatales de la mente

Como conjetura podemos pensar a la noción kleiniana de objetos internos previos a los objetos externos como antecedente de las ideas de Bion sobre la pre-concepción y la pre-concepción del pecho que mueve al bebé hacia su primera y más fundamental experiencia, la relación emocional con el pecho, la base para los otros aprendizajes por la experiencia. A continuación Bion deja implícito que ese objeto no solo es el pecho, sino algo más complejo. El pecho, como es obvio no refiere a lo anatómico. En ese contexto detrás del pecho están los padres unidos sexualmente, garantizando la existencia del pecho (la pre-concepción edípica; y detrás de los padres está la sociedad garantizando que esos padres puedan unirse para nutrir al bebé, y finalmente detrás de la sociedad, la existencia de una mente creativa generando nuevas soluciones que garanticen que la sociedad sobreviva, y de ese modo, en un círculo completo o quizás más en una espiral, volvemos al inicio, porque de la mente creativa emana la pre-concepción intuitiva.

Algunas preguntas: ¿Qué es la mente? ¿A qué llamamos mente? ¿Cómo se origina? ¿Existe otra mente paralela, desconocida, que se encuentra en estado embrionario? ¿Existe algún trazo mnémico de esta mente futura? ¿Podríamos considerar la pre-concepción como una intuición?

Por de pronto el psicoanálisis sostiene que existe una mente inconsciente.

Intuición y cesura entre los aspectos prenatales y postnatales de la mente: cuando bebés tenemos conciencia de lo que sentimos, pero es una consciencia rudimentaria, sabemos acerca de nuestras emociones pero no podemos nombrarlas, ni podemos discernir más que la diferencia entre placer y dolor. Cuando llegamos a nombrarlas –con el desarrollo de una conciencia evolucionada– a veces no podemos ligar el nombre con la emoción; se produce así una cesura entre lo pre-natal y lo postnatal: me estoy refiriendo al nacimiento psíquico de la experiencia emocional que, como dijimos, requiere de un vínculo.

Intuición y O

Cuando Bion desarrolla el cambio teórico desde *Aprender de la experiencia* –vínculo K hacia *devenirse sí mismo que él llama: at-onement*– lo que postula es el desarrollo de la personalidad como un *devenirse sí mismo*, es decir en *unicidad con uno mismo;* produce así un cambio en su teoría y en la teoría psicoanalítica; teniendo en cuenta su conceptualización del super-superyó como usurpando las funciones yoicas de contacto con la realidad interna y externa, postula un desarrollo en el tiempo que llama devenirse y que implica una autenticidad, emparentada con lo que Winnicott describió como *encontrar dentro de uno, un lugar donde existir y sentirse real.* Super-superyó y *rêverie* se excluyen mutuamente: el lugar del *rêverie* es ocupado por este super-superyó que usurpa las funciones del yo.

Esta postulación tiene consecuencias para el análisis, ya que implica no solo un conocer, sino una profunda conexión con el mundo interno, donde uno se va deviniendo uno consigo mismo, a través de intuiciones que establecen una relación con la realidad interna y externa. Las experiencias emocionales se van encarnando en imágenes y palabras que encuentran su mejor expresión en los desarrollos de los artistas que plasman en sus obras de arte imágenes de las experiencias emocionales. La aceptación de la incompletud, la incertidumbre, la duda, la relación finito-infinito son algunos de los factores de este estado mental, que promueve el desarrollo de la intuición, puesta al servicio del crecimiento mental.

Preconcepciones innatas y memorias del futuro

A través de una imaginación especulativa se puede conjeturar que el feto y la mente embrionaria tienen una rudimentaria capacidad de registrar sensaciones y de originar respuestas a esos estímulos sensoriales –como elementos β, la cosa en sí aún no metaforizada– que pueden tempranamente ligarse o vincularse con sus equivalentes mentales: las preconcepciones innatas[28], para formar proto-concepciones primitivas, en la forma de *patterns* sensoriales aguardando un nacimiento y desarrollo postnatal para un ulterior procesamiento, y para ello necesitan del *rêverie* materno. Pueden permanecer "dormidas" como elementos β, si hay un fracaso en procesarlas para transformarlas en elementos α. No transformadas –transformaciones en pensamiento consciente o inconsciente– pueden ser proyectadas en el self corporal como restos somato-psíquicos o transformaciones en alucinosis (visuales-auditivas).

28 Que podrían pensarse como las Formas ideales platónicas.

Intuición y soñar

Bion extiende el significado de soñar: es un proceso que ocurre en la vigilia y en el dormir y sirve para transformar y significar los estímulos que provienen del exterior y del interior. Para el analista, "soñar" es una técnica observacional que está especialmente diseñada para aprehender cualidades emocionales en sí mismo y en otros. Podríamos decir que todo el análisis es un proceso de *transformación onírica.*

En la escucha psicoanalítica –para evitar interferencias– Bion amplía la "atención flotante" hacia la disciplina de "sin memoria, sin deseo, sin entendimiento", disciplina que extiende el campo de la aprehensión intuitiva y su transformación en pensamiento.

La realidad última es incognoscible, Bion la llama "O"[29]: el soñar es un mediador e integrador de las dos principales direcciones de O y su convergencia en la experiencia: O→K y K→O. Es decir hay una dirección que va *desde el O hacia K, es decir la transformación en disposición al conocimiento* y que implica la renuncia a las certidumbres; K nunca es la realidad última, para poder tener disposición al conocimiento es necesario tener curiosidad y renunciar a las certezas. Esto implica la posibilidad de volver a abrir las conjunciones constantes ya formadas, ya logradas, hacia nuevas experiencias a ser aprehendidas por la intuición. Los estímulos sensoriales que acompañan la experiencia emocional llaman a sus equivalentes innatos –las pre-concepciones inherentes (las podríamos llamar "memorias del futuro")– y se encarnan en estas últimas o se convierten o realizan en concepciones o conceptos.

Intuición y realidad psíquica

¿Con qué se aprehende la realidad psíquica que no tiene componentes sensoriales? La angustia no tiene olor, color, sabor,

29 "O" que Bion nunca esclarece qué es, pero que podemos considerar como realidad última, que es incognoscible.

salvo metafóricamente, como en la poesía. Bion responde a esta pregunta: con la *intuición,* que es el equivalente de ver, oír, oler... para lo sensorial, pero que es un aprehender no sensorial.

"Estoy suponiendo que hay un dominio psicoanalítico con su propia realidad –incuestionable, constante, sujeto a cambios solo de acuerdo a sus propias reglas aunque estas reglas no sean conocidas". Esas realidades son "intuibles" si el aparato adecuado está disponible en la condición apropiada para su funcionamiento. Igualmente hay ciertas condiciones mínimas necesarias para su ejercicio. Aproximadamente, en términos de la categoría C de la Tabla[30], esta actividad depende de la presencia de una personalidad, una intuición operando, un mínimo grado de capacidad intuitiva y de salud intuitiva. Las condiciones en las cuales la intuición opera (intuye) son translúcidas y opacas. Desde el vértice de la persona que intuye, las opacidades pueden ser distinguidas suficientemente como para poder darles nombres, por más primitivas y deficientes que sean estas descripciones. Estas son: *memoria, deseo* y *entendimiento.* Tal libertad de la opacidad no puede ser lograda durante el psicoanálisis si la intuición ya ha sido dañada por la indisciplina, en cualquier tiempo. Cuanto más cercanamente el psicoanalista puede aproximarse a liberarse de estas opacidades –y sin duda también otras opacidades hasta ahora no identificadas– con tanta más confianza pueden descontar el origen de sus observaciones como debidas a la "ecuación personal"[31]. La intuición psicoanalíticamente entrenada requiere de una disciplina; la disciplina de "no memoria, no deseo, no entendimiento" que interfieren y opacan la intuición. Esta disciplina debe ser durable, permanente y continua.

---

30 Que incluye la categoría de pensamientos oníricos, sueños, mitos y modelos.

31 El análisis del analista es fundamental para disciplinar nuestras contra-resistencias así como tomar en cuenta los estímulos dados por las turbulencias emocionales en las que transcurre una sesión analítica.

Bion pregunta qué es distintivo de los objetos de la indagación psicoanalíticas (que son las relaciones). Qué es lo que los hace psicoanalíticos más que, por decir, psiquiátricos, sociales o cognitivos. Los puntos que podemos considerar en ese sentido son el uso que el psicoanalista hace de la *intuición* para seleccionar pistas, de modo tal de estar en condiciones de hablar acerca de lo que es *incipiente* más que de aquello que ya es obvio. *Incipiente* puede definirse aquí como "la condición de abrirse a un estadio temprano de existencia", como cuando a veces decimos que estamos "oliendo" algo y no nos referimos, como es obvio, a olores concretos.

Bion adoptó el término *pre-monición (*para describir las anticipaciones de emociones que luego van a emerger en una forma desarrollada. ¿Puede definirse *intuición* como "la inmediata aprehensión de un objeto por la mente sin intervención de un proceso de razonamiento"? En ese sentido se parece a la capacidad negativa, o esta es la condición para que pueda haber intuición. *Intuición* tomó un significado técnico filosófico como el nombre inglés para el término de Kant[32] de un *a priori,* primer registro de la experiencia perceptual de los seres humanos. Bion, muy influenciado por el pensamiento kantiano, considera la intuición como una *sensibilidad observacional empírica.* Un modo de considerar la intuición psicoanalítica es como *una forma de registro que aparentemente inmediata, depende de un registro preconsciente o inconsciente de pequeños, tempranos signos de datos emocionales.* Esta clase de registro provee el material crudo para las construcciones que requieren un proceso más explícito de observación y razonamiento. Cada uno de estos tres términos *–incipiente, intuición, premonición–* por lo tanto implican una orientación empírica hacia lo que está comenzando a suceder en relación a los procesos de pensamiento y de sentir y mirar más allá, hacia lo que podría suceder en el futuro.

---

32 Es tesis central y conocida de Kant que los conceptos sin contenido (intuiciones) son vacíos y las intuiciones sin conceptos son ciegas.

La aprehensión intuitiva del analista puede pensarse como un anticipo exploratorio de la atención, como una forma de reconocimiento que incluye anticipaciones de futuros desarrollos, anticipaciones de lo que pudiera estar a punto de suceder en un sentido más general. Estas *capacidades analíticas* forman parte de la *función psicoanalítica de la personalidad* y son necesarias para cualquier análisis; a su vez esa necesidad se incrementa para el tratamiento de aquellos pacientes que suelen llamarse difíciles, porque el potencial inherente en tales movimientos anticipatorios depende de la sensibilidad del analista a la presencia de la turbulencia emocional que se produce en el encuentro entre dos personas. Es decir que el analista pueda registrar esas pistas para luego pensarlas, por eso hablamos de una intuición entrenada psicoanalíticamente. Podríamos también considerar esta cuestión con una doble flecha: intuición ↔ pensamiento.

Intuición y sistemas en tránsito, subyacentes e inestables

A partir de Newton los científicos estudiaron sistemas que exhiben estabilidad, periodicidad y equilibrio. A partir de Poincaré se esclareció que los sistemas en equilibrio son sistemas idealizados que no corresponden al mundo real en el cual vivimos, que es inestable y multidimensional. La mente humana es un sistema inestable, cambiante, y es una cuestión fundamental para el psicoanálisis investigar los sistemas en tránsito y subyacentes a los sistemas inestables. ¿Cuál es el modelo de mente que puede incluir de manera significativa los sistemas inestables? ¿Podríamos considerar *una teoría del vínculo* un primer paso en esta dirección?

La noción de *vínculo* que Bion introdujo como concepto límite entre un individuo y distintas partes de sí mismo y también con los otros, es uno de los que posibilita que investiguemos los fenómenos en tránsito e inestables en el tiempo. Bion lo expresó diciendo que cuando dos individuos se encuentran se produce una turbulencia emocional, y si no se encuentran también. Podríamos decir que en un análisis se producen diferentes encuentros del individuo, no solo con el analista, sino consigo mismo. Necesitamos un modelo que esté a la altura de la complejidad de la mente y que pueda proporcionar un panorama de las dimensiones psíquicas. Pienso que algunos principios fundamentales para construir y pensar este modelo son:

1) *el principio de incertidumbre que en Bion es la capacidad negativa y* que lleva al 2) *principio de incompletud porque nunca aprehendemos el todo.* Ambos modelos tienen como trasfondo la física cuántica. A estos principios habría que agregar el *principio de expansión:* los pensamientos se expanden y se disipan en distintas dimensiones, entre otras las témporo-espaciales, lo que permite que existan en otro lugar de la mente a través de los sistemas en tránsito. Lo más obvio es el tránsito de lo consciente a lo inconsciente y hacia lo preconsciente.

Este modelo permite investigar mejor las formaciones subjetivas preverbales de las partes bebés y las del niño/niña que habitan en el adulto. También pone de manifiesto y valoriza el carácter intersubjetivo desde el comienzo, desde las experiencias más primitivas del ser humano y aun de las pre-natales. La mente es un universo en expansión, expansión que se da a lo largo de toda la vida si se dan las condiciones adecuadas para que así ocurra. La mente puede deteriorarse, cristalizarse, y la frescura de la intuición puede ser un factor que contribuya a mantener su vitalidad. También existen muchos fenómenos misteriosos que todavía no hemos podido comprender desde el psicoanálisis, como lo que podríamos llamar la *intuición anticipatoria,* como cuando pensamos en una persona y en seguida nos encontramos con ella en la calle, sin que nada pudiese sugerir ese encuentro o tenemos una ocurrencia en el momento del encuentro con el paciente antes que comience a hablar, y luego en la sesión el paciente comienza a hablar de algo relacionado con nuestra ocurrencia. Recuerdo un ejemplo clínico vívido: subiendo la escalera con una paciente desde la puerta de entrada hasta la del consultorio, pensé que la campera que tenía puesta me hacía acordar a un hermano de ella que estaba "*desaparecido*"; cuando ella se acuesta en el diván comienza a hablarme, por primera vez, del hermano.

A modo de finalización de este trabajo sugiero que pensemos y relacionemos algunos de los conceptos que Bion nos brindó y desarrolló: ¿podemos relacionar la intuición con la noción de cambio catastrófico?

Recordemos que Bion definió el cambio catastrófico como atemporal y catastrófico: de ese modo estaba introduciendo un concepto diferente al de la continuidad genética. Pensemos en un *insight* a partir de una intuición y que produce un cambio en la personalidad equivalente –tomando un modelo geográfico– al surgimiento de los Andes. Este surgimiento no es la consecuencia de graduales cambios en el tiempo, sino que es una súbita erupción.

Continente-contenido transformados

Pensemos en la Evolución K→O. Un descubrimiento en un análisis cambia, transforma la relación y un análisis logrado implica la aceptación de aperturas a nuevas transformaciones. Es decir abrirse de nuevo hacia la incertidumbre y aceptar las dudas, los misterios, sin apelar tenazmente a la razón, es decir tolerar la capacidad negativa y en consecuencia contribuir al desarrollo de la intuición.

El análisis como una historia nueva

Mientras que con Freud y hasta M. Klein el analista se sintió empeñado en una búsqueda de elementos que tienen su realidad en un pasado remoto y/o en experiencias infantiles que se remontan al bebé –una historia imaginable que parte de una lógica arcaica y olvidada–, con Bion el analista se encuentra afrontando fragmentos de situaciones-cosas-palabras que "todavía" no tienen ninguna existencia porque no han tenido "nunca" un lugar donde existir. La tarea de analista es por lo tanto particularmente ardua e inquietante.

La concepción del psicoanálisis, a partir de Freud, es que el analista pueda limitar y modificar la propia omnipotencia; la mejor garantía para el desarrollo de la personalidad del paciente es aquella de la "abstinencia" de querer construir cosas nuevas. Habiendo descubierto el inconsciente y la represión, para Freud el paciente solamente puede reencontrar aquello que ha perdido, pero no del todo, porque lo que ha perdido está depositado en el inconsciente. Para Bion el analista es llamado a recombinar, en un caleidoscopio de tiempo y espacio mezclado, hechos que nunca existieron, o mejor aún construir un espacio adaptado a que aquellos eventos hasta entonces impensables puedan ser nombrados y pensados y también que el paciente pueda realizar un desarrollo de potencialidades, desarrollo que sin un nacimiento psíquico no sería posible.

A partir de la postulación del psicoanálisis como un devenirse uno con uno mismo y las "transformaciones hacia O", la tarea analítica puede considerarse como la *estructuración de una historia nueva –para el paciente.* Pero también el analista, a través de la tarea analítica deberá operar transformaciones en sí mismo, que orientadas hacia "O" –el de él mismo– sean también armonizadas con las transformaciones paralelas del paciente, modificando el propio modo de interpretar de acuerdo a la exigencia y la capacidad de *insight* de su paciente. Todo esto nos introduce al hecho que cuestiones técnicas como el *timing,* nivel, discriminación entre sueño, fantasía y narración, encuentran una revalorización indirecta. Una madre e incluso un analista suficientemente intuitivo podrán promover el crecimiento de su hijo/paciente evaluando y regulando cuanta estimulación y cuanta experiencia pueden ir tolerando, evitando el riesgo de una exposición excesiva. La interpretación debe tener en cuenta la historia de la relación hasta ese momento y de este modo, la verbalización del analista puede entrar en la dimensión mental *mito-poietica-protosimbólica* de la relación y adquirir esta "forma de historia", de narración, de ese modo será no tanto "una historia contada" sino una "historia construida conjuntamente". Esto remite a la idea de "modulación" del sufrimiento de Meltzer, como una cualidad de la función alpha del analista.

Lenguaje interpretativo

Llegamos así a la modificación del lenguaje interpretativo que progresivamente ha perdido la característica de explicación de la fantasía inconsciente en términos corporales y de objetos parciales. Es la forma de interpretación usada por M. Klein en su trabajo con niños y que sostenía que ese era el lenguaje del inconsciente, de la fantasía inconsciente, en un momento en que se estaba elaborando su teoría y su clínica. Con Bion podemos pensar en el *nacimiento psíquico* de la experiencia emocional. El lenguaje que utilizamos hoy tiende a no comunicarse con el paciente a través de las imágenes corporales de los objetos mentales –hablar de pecho o pene– sino que procede en otra dirección, aquella de indicar el significado de los "elementos emocionales" que suelen descargarse en el cuerpo. Ann Álvarez (1999) subraya la importancia de este lenguaje con los niños graves, los cuales están muy seguros de tener un cuerpo, pero deben descubrir que tienen una mente y emociones a las cuales necesitan poner un nombre para poder pensarlas y elaborarlas. En el uso del lenguaje interpretativo, la cualidad de la intervención del analista no debe ser saturada, necesita usar la metáfora y la narración que tendrán la característica de un *continente onírico*, que se forma en el momento de la relación con el paciente en la sesión y con el aporte de este. En ese sentido vale la pena pensar la afirmación de Meltzer cuando sostiene que no es tan relevante la exactitud de la interpretación como la adecuación recíproca de la atención y actitud del analista y la tendencia a la colaboración del paciente para formar y consolidar el continente (dándole el grado de flexibilidad y firmeza necesaria). La metáfora y la narración tienden a sustituir la explicación.

El psicoanálisis –pensado así– se transforma y deviene un desarrollo de significados que tienen que ser nombrados y que no han sido todavía contenidos y con la dirección abierta hacia otros significados nuevos. Este devenirse implica un proceso de crecimiento de un *aparato para producir pensamientos* capaces de hacer evolucionar los elementos emocionales hacia un área de posibilidad de pensar. El desarrollo de la capacidad de pensar las emociones es proporcional a la transformación del lenguaje para comunicarlas. Bion lo llamó transformación del lenguaje de substitución a un lenguaje de logro y posibilita al mismo tiempo la apertura a significados imprevisibles. El lenguaje de logro por excelencia es el de la poesía y otras manifestaciones de la literatura, pero también es el lenguaje de los sueños y su "moblaje".

Citando al poeta inglés John Keats, Bion nos propone una *"capacidad negativa":*

> «[D]e golpe advertí cuál era la cualidad que hace a un hombre plenamente realizado, sobre todo en literatura, y que Shakespeare poseía enormemente: quiero decir la capacidad negativa, o sea la de un hombre capaz de existir entre incertidumbres, misterios, dudas, sin encarnizarse en el hecho y la razón…»[33]

33 *Imagen de John Keats*. Traducción de Cortázar. Buenos Aires, Alfaguara, 1996.

Intuición y función psicoanalítica de la personalidad, intuición y fe, Intuición y at-one-ment

La intuición es un factor de la función psicoanalítica de la personalidad.

Bion considera la interpretación como un evento efectivo en una evolución de "O" que es común al analista y al analizando. El método sugerido por Bion de opacar la memoria y el deseo se funda en el estado mental que hará posible el hallazgo del Hecho Seleccionado, de descubrir la pauta que conecta. Este método apunta a una intuición de la experiencia que funda la posibilidad de descubrir el hecho seleccionado o la conjunción constante. Se podría decir que Bion busca en el espacio de la mente elementos perdidos en el tiempo pero con una intuición de la experiencia que abre a la posibilidad de descubrir la conjunción constante. La memoria del analista no es el instrumento adecuado para recuperar esta experiencia ni para alcanzar el estado de at-one-ment con el paciente. En ese sentido Bion hace un desarrollo original que se diferencia del concepto tradicional de contratransferencia. Propone un modo original de considerar la intuición (K→O) haciéndolo transformarse en un factor operativo. Este aspecto de la intuición es poco explícito pero representa uno de los puntos centrales del pensamiento de Bion. Solo teniendo en cuenta su esfuerzo de profundizar las operaciones intrínsecas al proceso intuitivo, se alcanza a reconducir al campo psicoanalítico sus consideraciones acerca del "acto de fe" y de la "personalidad" del genio o místico. El "acto de fe" es al pensamiento como el conocimiento *a priori* es al conocimiento. No pertenece al sistema "K" sino al sistema "O". Un pensamiento tiene como realización una "no cosa". Un "acto de fe" tiene como trasfondo algo inconsciente e ignorado porque *no ha acontecido.* En ese sentido, el acto de fe (prototipo de la personalidad del místico) parece estar en la base del factor intuitivo que tolera el espacio de tiempo vacío que precede al *insight.*

Para el actor Joaquín Furiel[34], "la intuición es parte del trabajo. No hay trabajo sin intuición. No es que uno prepara un personaje como si tuviera una fórmula. La intuición es todo. Leí muchos ensayos sobre *Hamlet* y vi muchas versiones. Hasta vi Buster Keaton ... Vi gestualidades de Buster Keaton. De todos, te quedas con un gesto, una idea, una impresión que tuviste. Y a esa impresión, la agarras y la transformas en intuición, pero hay que trabajar mucho para que la intuición tenga una guía. En mi caso, nunca funcionó la intuición sola para nada. Es la intuición dentro de un contexto metódico."

---

34 Entrevista en ocasión de estar interpretando *Hamlet* de Shakespeare, en el teatro San Martín de Buenos Aires (Diario *Clarín*, 2019).

Capítulo 5

Mitos y modelos. La construcción de un sueño artificial

«¿Y si la dirección analógica es una fuerza continua e inalienable en todo hombre? ¿no será hora de descender de la consideración solamente poética de la imagen y buscar su raíz, esa subyacencia que surge a la vida junto con nuestro color de ojos y nuestro grupo sanguíneo? Cabe preguntarse si la dirección analógica no será mucho más que un auxiliar instintivo, un lujo coexistiendo con la razón razonante y echándole cabos para ayudarla a conceptuar y juzgar. Al contestar esta pregunta el poeta se propone como el hombre que reconoce en la dirección analógica [...] un medio instrumental eficaz[...] algo como ojos y oídos y tacto proyectados fuera de lo sensible, aprehensores de relaciones y constantes, exploradores de un mundo irreductible en esencia a toda razón.»

J. Cortázar, 1965

«[Quienes reconocieron la importancia de las formas expresivas para todo el entendimiento humano fueron aquellas personas que vieron no solo la ciencia, sino también que el mito, la analogía, el pensamiento metafórico y el arte don actividades intelectuales determinadas por "modos simbólicos"; [...]

simbolismos no discursivos: el mito, el ritual, el arte [...] pueden motivarse en la misma idea generadora; la naturaleza esencialmente transformativa del entendimiento humano.»

Susan Langer, *Nueva clave de la filosofía,* 1941[35]

«Las construcciones matemáticas solo son símbolos; no tienen sentido en términos de substancia sino de relaciones; algo en la realidad coincide con ellas, pero no se las supone partes integrantes de esa realidad».

(*ibídem*, p. 30).

«[E]l edificio del conocimiento humano se despliega ante nosotros no como una vasta compilación de informes sensoriales, sino como una estructura de hechos que son símbolos y de leyes que constituyen sus significados.»

(*ibídem*, p. 32).

Voy a partir del artículo "Construcciones en el análisis" (Freud, 1937) donde Freud pregunta cuál es la tarea del analista y dice que es la de descubrir lo que ha sido olvidado por el paciente, a partir de huellas o vestigios que estas situaciones o experiencias dejaron tras de sí, o más correctamente, construirlas. Toma la tarea del arqueólogo como analogía y como modelo: los dos procesos son similares, con la diferencia de que el arqueólogo trabaja con material destruido y enterrado mientras que el analista tiene la ventaja de ocuparse de algo que aún está vivo. Las tareas de ambos son similares: el arqueólogo reconstruye edificios y otros elementos a partir de fragmentos, el analista también deriva sus inferencias de fragmentos de recuerdos, de asociaciones y conductas del paciente en el análisis.

"Los delirios de los pacientes se me aparecen como los equiva-

---

35 Langer, S. (1941). *Philosophy in a New Key of Symbolism of Rite and Art*, Harvard University Press, pp. 9, 10, 11.

lentes de las construcciones que edificamos en el curso de un tratamiento psicoanalítico –intentos de explicación y de curación, aunque es verdad que, en las condiciones de una psicosis, no puedan hacer más que sustituir el fragmento de realidad que está siendo desmentido en el presente por otro fragmento que ya fue rechazado en un remoto pasado. Será la tarea de cada investigación individual revelar las conexiones íntimas entre el material del rechazo presente y el de la represión primitiva. Así como nuestra construcción solo es eficaz porque recibe un fragmento de experiencia perdida, los delirios deben su poder de convicción al elemento de verdad histórica que insertan en lugar de la realidad rechazada. De este modo una proposición que originalmente yo afirmaba solo para la histeria también sería aplicable a los delirios –es decir que aquellos que los padecen sufren de reminiscencias."

"Si consideramos a la humanidad como un todo y la sustituimos poniéndola en el lugar del individuo humano, descubrimos que también ella ha desarrollado delirios que son inaccesibles a la crítica lógica y contradicen la realidad. Si a pesar de esto son capaces de ejercer un extraordinario poder sobre los hombres, la investigación nos lleva a la misma explicación dada en el caso del individuo. Deben su poder al elemento de verdad histórica que han traído desde la represión de lo olvidado y del pasado primigenio." (Freud, 1937, *SE*, p. 132).[36]

En este párrafo Freud considera que hay un elemento de verdad histórica en el delirio, su fuerza es debida a este factor y en ese sentido compara los delirios con las construcciones, extendiendo lo que sostenía con respecto a la histeria: *en los delirios aquellos que los tienen sufren de reminiscencias.* Freud no excluye la complejidad de los factores que determinan la enfermedad,

36 (Mi traducción).

pero sostiene que tanto los delirios de los individuos como los "delirios" de la humanidad deben su fuerza al elemento de *verdad histórica* que ha surgido de la represión: es decir del olvidado pasado primitivo.[37] *¿Freud considera verdad histórica los hechos en sí mismos o los "hechos" de la realidad psíquica?*

Esta pregunta se relaciona con el desarrollo que voy a hacer luego, tomando sobre todo las ideas de Bion en cuyas concepciones la cuestión de la realidad psíquica pasa a primer plano. En "El hombre de los lobos" Freud dice que no hay ningún peligro en comunicar construcciones a un paciente en análisis, aun si estas resultaran equivocadas, y sostiene que *estas construcciones no se formulan a menos que haya alguna perspectiva de aproximarse más a la verdad a través de ellas.* Freud así está confiriendo a las construcciones la cualidad de una *herramienta técnica* que permite avanzar en el análisis y habla de ciertas fantasías de su paciente como ocupando el lugar de una verdad histórica. Estamos así en el terreno de la realidad psíquica, la relación analítica implica llegar con el paciente a una especie de acuerdo de "ciencia-ficción", un pacto simbólico similar al que establecen los niños en sus juegos con el "dale que" asignando roles y contenidos argumentales lúdicos. Ese pacto desde ya es posible con pacientes a predominio neurótico, y es una alternativa a llegar con pacientes más perturbados. La ficcionalidad requiere, para sostenerse, de tal pacto simbólico, en el teatro ese pacto se realiza entre actores y espectadores mientras dura el espectáculo.

En "El hombre de los lobos" Freud reconstruye –o mejor di-

---

37 "Debemos finalmente considerar adoptar la hipótesis que los precipitados psíquicos del período del pasado primitivo devinieron una cualidad heredada que, para cada generación no debe ser adquirida sino solamente despertada" (Freud, "Moisés y el monoteísmo", *SE*, p. 132, inglés) [...] "Nos encontramos que en un número importante de relaciones nuestros niños reaccionan, no de un modo que corresponde a su propia experiencia, sino instintivamente, como los animales, de un modo que es solo explicable como una adquisición filogenética" (ibid, p. 133).

cho "construye"– hipótesis relacionando lo supuestamente histórico de la vida del paciente con las fantasías del mismo. Va relatando cómo las ansiedades de castración del paciente toman forma a través de ciertos cuentos infantiles como el de "Caperucita Roja" y el de "Los siete cabritos". En las concepciones de Bion podríamos considerar estos cuentos infantiles como modelos y como pensamientos oníricos, en la extensión que este autor hace de este término. Freud describe las vicisitudes en la evolución y transformación de la sexualidad del paciente de sadismo en masoquismo y la inferencia de un sentimiento de culpa como uno de los factores de esa transformación. En una nota al pie especifica que no se refiere a la transformación del instinto sino de su meta: de activo en pasivo. Freud habla de transformaciones, no en el mismo sentido que las transformaciones que conceptualiza Bion. Otro punto interesante en la teoría freudiana es la discusión en el relato de "El hombre de los lobos" en relación a las escenas de la temprana infancia que surgen en el análisis de una neurosis: ¿son reproducciones de hechos que realmente ocurrieron, a los cuales se puede considerar como factores para la formación de una neurosis, o son más bien productos de la imaginación infantil, que encuentran su estímulo en la vida adulta, en el sentido de servir como *representación simbólica* de deseos o intereses reales y que tienen su origen en una tendencia regresiva, como la de evitar afrontar las tareas del presente?

Freud dice *que es necesario encarar esas fantasías infantiles*, pudiendo lograr que el paciente diferencie entre hechos de la infancia de fantasías infantiles, tendrá así la posibilidad de darse cuenta de que esas fantasías han sido usadas para evitar afrontar tareas reales que el paciente necesita encarar. Una vez que en el análisis se haya podido hacer esta diferenciación, se podrá encarar en el tratamiento la relación con la vida real y actual del paciente. Freud agrega una idea que ha tenido una evolución en otros autores psicoanalíticos: *estas escenas de la infancia del paciente no son reproducidas en el tratamiento como recuerdos, son producto de construcciones.*

¿Qué quiere decir Freud con esto? No es necesario que estas rememoraciones[38] inconscientes sean recuerdos de hechos reales; podrían serlo, pero frecuentemente están distorsionados y mezclados con elementos imaginarios, como ocurre con los recuerdos encubridores. Freud considera que son equivalentes a una rememoración si los recuerdos son reemplazados por sueños, cuyo análisis lleva invariablemente a la misma escena que reproduce cada porción de su contenido en una extensa variedad de nuevas formas. Además, *soñar es otra forma de recordar y esta recurrencia en los sueños, Freud la considera como un factor significativo en el hecho de que los pacientes gradualmente adquieran una profunda convicción acerca de la realidad de estas escenas construidas, que de ninguna manera son inferiores a aquellas basadas en los recuerdos.* Freud agrega la transferencia como otro factor de peso que converge con los recuerdos y las construcciones. En síntesis Freud equipara estas construcciones realizadas en el análisis, a los sueños, sostiene que son una forma de recordar y de este modo está dando prioridad a la realidad psíquica.

Antes de continuar con la importancia de la investigación psicoanalítica sobre los procesos de simbolización y sus fallas, que a mi modo de ver es una cuestión de peso en el tema de las construcciones en psicoanálisis, quiero referirme al uso que Freud hizo de los mitos, aunque sea tomando brevemente el mito de Edipo. Bion dice que Freud descubrió el psicoanálisis en el mito de Edipo y que el psicoanálisis le posibilitó interpretar el complejo de Edipo. ¿Qué quiere decir esto? Pienso que Freud, gracias a su autoanálisis, sobre todo a partir del análisis de sus sueños, descubrió en sí

38 Uso el término *rememoraciones*, equivalente al inglés *recollections* que es usado en la Standard Edition, porque *recollections* en inglés no es lo mismo que *memories*, término que puede ser traducido por recuerdos. En castellano hago la diferencia entre rememoraciones y recuerdos que es importante aquí por la importancia que Freud da a las fantasías.

mismo una configuración emocional triangular y que inspirándose en su vasta cultura llamó a esta configuración complejo de Edipo, *encontrando en el mito un modelo de relaciones humanas,* cuyas características de funcionamiento psíquico y su relevancia para el desarrollo de la personalidad el psicoanálisis descubre e interpreta.

La investigación psicoanalítica de los procesos de simbolización

La investigación psicoanalítica del proceso de simbolización se torna significativa en la medida en que se fueron expandiendo las posibilidades del tratamiento psicoanalítico para pacientes con problemáticas que no eran solo del orden neurótico. *En ese sentido el uso de construcciones y modelos cobra otro sentido en la investigación y en la técnica psicoanalítica.* La evolución de la idea psicoanalítica a través de los autores post-freudianos –de los cuales voy a tomar sobre todo el pensamiento de Bion– hace que las implicancias técnicas de modelos y construcciones cobren otra relevancia, relevancia *que consideraremos bajo el nombre de "el análisis como construcción de una historia nueva".*

Freud sostuvo que el análisis era solo para pacientes neuróticos aunque investigó los funcionamientos psicóticos. La teoría kleiniana profundizó la investigación del funcionamiento mental a lo largo del desarrollo, comprendiendo a los lactantes. Sus conceptualizaciones dieron pie para abordar las problemáticas border y psicóticas. M. Klein hizo punta en ese sentido con sus trabajos: "La personificación en el juego de los niños" (1929), "Situaciones de ansiedad infantil reflejadas en una obra de arte y en el impulso creativo" (1929 y en "La importancia de la formación de símbolos en el desarrollo del yo" (1930).

Para M. Klein la simbolización, ya sea en relación al análisis de niños y/o de psicóticos, es considerada como una capacidad que puede desarrollarse, detenerse y aun perderse. H. Segal observó en algunos pacientes la incapacidad de diferenciar entre símbolo y objeto simbolizado. Se llega así al estudio de la patología del símbolo formulando la distinción entre símbolo y ecuación simbólica. Desde la óptica kleiniana, solo si el paciente ha logrado evolucionar hacia la posición depresiva, será capaz de simbolizar, después de haber elaborado el duelo por la pérdida del objeto y una diferenciación yo-no yo. El nacimiento del símbolo en estos desarrollos pone el acento en el mundo interno del paciente, sus objetos internos y su fantasía, sin referencia al funcionamiento de la mente de otro (madre/analista).

Solo en 1978, después de haber transitado por las ideas de Bion, H. Segal reconoce la importancia del otro polo de la relación: la mente de la madre o del analista. La raíz de esta evolución del pensamiento psicoanalítico con respecto a la simbolización se encuentra en M. Milner (1952) y en D. Winnicott, que desarrolló la importancia de la "ilusión en la formación del símbolo", el concepto del área transicional y de la "madre suficientemente buena". Todas esas elaboraciones sobre el proceso de simbolización ponen de relieve la importancia del *vínculo* en este desarrollo, sea primario mamá-bebé o el de paciente analista. Las construcciones y el uso de modelos en el sentido en que lo propone Bion requieren del proceso de simbolización y estimulan su desarrollo. Lo traumático desde estas concepciones es lo que no ha podido ser "digerido", es decir "soñado"; y uso aquí "soñado" en un sentido amplio: los hechos en sí no tienen significado, los sueños sí, y los significados son nutrientes de la mente. Los sueños no solo revelan contenidos emocionales, son un modo de digerir las experiencias emocionales; se los puede concebir también como intérpretes de las experiencias emocionales: *formulan esas experiencias como problemas y como problemas que pueden ser resueltos, análogos a la formulación de los problemas matemáticos.* Podemos entonces considerar las construcciones como "pensamientos oníricos" (Bion, 1962). La concepción de los procesos de simbolización de Meltzer y Bion está relacionada con la consideración de la identificación proyectiva como una modalidad de comunicación primitiva; y con concebir que el desarrollo de la capacidad de pensar pasa a través de la relación con el funcionamiento de la mente de otro: la simbolización deviene así un proceso que se da en una relación. Esto fue formulado como la relación continente-contenido (♀ ♂, Bion). Otra mente, la de la madre y/o la del analista, funcionando al unísono con la del bebé y/o paciente, aprehende las experiencias emocionales no digeridas y las transforma favoreciendo el desarrollo de la capacidad de simbolización; una transformación en pensamiento (Bion, 1965) puede darse a través de modelos.

Desde esta concepción, los significados ya constituidos pueden acompañarse con la formación de nuevos significados, nuevos vínculos, abriendo nuevas posibilidades. El símbolo no debe saturarse de significado: constituye un nuevo continente para alojar nuevos contenidos, siempre en evolución, porque la mente es algo vivo que evoluciona o se deteriora. *Ese es uno de los sentidos de la construcción de modelos en psicoanálisis: no se trata de una re-construcción de hechos pasados, sino de desarrollar herramientas para que los problemas emocionales puedan formularse y así se puedan comprender y elaborar.*

Importancia de los modelos en psicoanálisis

La mente humana es un sistema vivo e inestable. Los pacientes que presentan serios trastornos en su capacidad de pensar carecen de instrumentos para pensar sus problemas emocionales, necesitan desarrollar su capacidad simbólica para poder "soñar" problemas. Cuando han desarrollado esa capacidad pueden formular (presentar) sus conflictos, sus experiencias emocionales, y tienen así la oportunidad de "digerirlas", de elaborarlas. El uso de modelos es útil para restaurar el contacto con la experiencia concreta de la investigación psicoanalítica, cuando se ha perdido el contacto por el uso de abstracciones muy alejadas de la experiencia, tanto por parte del paciente como del mismo analista "perdido" en el sistema teórico.

La inclusión de modelos en el campo del psicoanálisis presenta ventajas, ya que estos tienen una flexibilidad de la que carecen las teorías, y el uso de modelos es como un intermediario para encontrar correspondencia entre los problemas que plantean los pacientes y la teoría psicoanalítica.

A diferencia de las teorías pueden ser fácilmente descartados. Tanto las teorías como los modelos son aproximaciones a la experiencia; no son la experiencia en sí, *pero la construcción de modelos puede transformar las experiencias emocionales: contribuyen a un proceso de metabolización, posibilitan que sean asimiladas por la personalidad del paciente. La concepción bioniana del uso de modelos y construcciones en el análisis supone que no se trata de reencontrarse o reconstruir experiencias del pasado sino que el analista es llamado a recombinar, en una especie de caleidoscopio de tiempo y espacio, experiencias que tal vez nunca han tenido existencia a nivel psíquico o a construir un espacio adecuado para contener experiencias que hasta entonces eran impensables y que a través de los modelos pueden formularse y adquirir un nombre.*

El modelo que el analista elabora puede considerarse como "*la construcción de un sueño artificial*". El analista, al construir su modelo, también debe tener en cuenta el modelo del paciente, ponerlo al descubierto y usar esos elementos para construir ese "sueño artificial" que puede contener algún significado.

El modelo no constituye en sí mismo una interpretación; al crear el modelo, el analista está dando un paso en la elaboración de la interpretación; en todo caso, como dije antes, es una formulación del problema. El material del paciente determina que el analista haga conjeturas que pueden ser parte del modelo, conjeturas que pueden llevar a considerar cuál debería ser la interpretación adecuada. Bion señala la analogía del papel desempeñado por el *mito* en el contexto grupal de la sociedad, con el que tiene el *modelo* para el individuo[39]. Cuanto más complejo es el problema, como resulta en cuestiones atinentes al crecimiento mental, mayor será la necesidad de usar modelos adecuados.

En cuanto a los mitos, Bion propone usarlos en el análisis como "una galería de cuadros verbales". Refiriéndose a la simbolización, Ogden (1986, p. 224) postula que *a la relación símbolo-simbolizado es necesario añadirle un "tercero": el observador de esa relación.* En mi opinión el modelo puede funcionar de "tercero". Mitos y modelos usados como herramientas técnicas en un análisis favorecen el crecimiento mental contribuyendo al desarrollo de la relación analítica y también, al modo de la personificación de las emociones, constituyen un nivel de representación que puede transformar la relación analista-paciente en observadora del campo psicoanalítico del cual ambos forman parte.

39 Mi opinión es que se refiere a lo formulado por Susan Langer en *La filosofía en una nueva clave,* siendo esa clave (por analogía con la clave en música) la simbolización presentativa que encarna situaciones emocionales básicas de una sociedad, de una cultura.

Capítulo 6

El juego psicoanalítico: ciencia y ficción

> *«I would make a distinction between existence –the capacity to exist– and the ambition or aspiration to have an existence which is worth having – the quality of the existence, not the quantity; not the length of one's life, but the quality of that life»*
>
> Bion, *Making the Best of a Bad Job*, p. 249[40]

Los términos *ciencia* y *ficción* ligados a psicoanálisis contienen una reflexión acerca de instrumentos, que combinados, proporcionan una visión binocular a la observación del campo de la realidad psíquica. "Juego psicoanalítico" alude a lo que implicó la extensión del método psicoanalítico al análisis de niños, proporcionando a través de la caja de juegos, medios para poder comunicar sus experiencias emocionales.

La experiencia clínica, la observación y las innovadoras ideas de Bion, me llevaron a revalorizar los sueños, el uso de modelos y la personificación como instrumentos equivalentes a los "juguetes". Tienen una función moduladora del dolor mental ineludible y de mediación o envoltura en una comunicación donde se necesita

40 "Yo haría una distinción entre existencia –la capacidad de existir– y la ambición o aspiración de tener una existencia que vale la pena tener –la calidad de la existencia, no la cantidad, no la extensión de la nuestra vida, sino la calidad de esa vida" (Bion, *Haciendo lo mejor de un trabajo difícil*, mi traducción).

encontrar el punto de intersección adecuado entre la realidad psíquica y las formas sensoriales en las que puede expresarse.

Este punto de intersección se encuentra en una "ficción" que da encarnadura a los objetos del mundo interno y "forma" a los aspectos pre-natales de la mente. La transformación en una pregunta sin respuesta contiene aperturas características del pensamiento pre-conceptual, que armoniza bien con la investigación psicoanalítica.

Exoesqueletos o prótesis mentales

> "La mayoría de las personas experimentan una muerte mental si viven lo suficiente. No es necesario vivir mucho para tener esta experiencia –todo lo que hay que hacer es permanecer mentalmente vivo".
>
> Bion, 1977, p. 178

En nuestra práctica[41] nos encontramos cada vez con más frecuencia con pacientes que han desarrollado prótesis "pseudo-adaptativas" a costa de mantener escindidas las fuerzas emocionales vitales, que a veces surgen en forma alarmante a través de una patología somática, otras se manifiestan como crisis relacionales y en todas aquellas circunstancias que ponen en evidencia la precariedad y pobreza de los vínculos emocionales.

Frente a situaciones de turbulencia emocional este exoesqueleto muestra sus fallas para "digerir" experiencias emocionales. El contacto emocional es un nutriente vital de la mente, el "exoesqueleto"

---

41 También es una característica de nuestra cultura posmoderna que prioriza lo superficial, lo adaptativo a toda costa, la supuesta eficacia de la "máquina" a costa de una escisión con lo emocional, que impide madurar y evolucionar y confiere una peculiar precariedad para afrontar turbulencias y crisis.

se manifiesta también a través de vivencias de vacío vitales, o de sentido, o de identidad, etcétera. Suele coexistir con una pobreza de proyectos vitales significativos y con una falta de registro de un sufrimiento psíquico como proveniente de algo que "anda mal" en la propia personalidad.

Estas prótesis funcionan aislando a la persona de la posibilidad de contacto con el verdadero sí mismo y son un fuerte obstáculo para enfrentar los diferentes conflictos emocionales que se van presentando en la vida y para el crecimiento mental. Se trata de funcionamientos altamente saturados y cerrados a la posibilidad de alojar el conjunto de pensamientos prenatales. Contrastan con la disposición y potencialidad de una mente-bebé.

Muchas veces son personas muy pegadas a la vida fáctica, que tienen una particular dificultad para moverse en el mundo del "como si". La conjetura imaginativa de funcionamientos pre-natales, vitales y con potencialidad de desarrollo es muy fecunda para abordar en la práctica clínica estas problemáticas.

Funcionamientos pre-natales

> *"¿[Podemos atrapar el germen de una idea y plantarlo donde pueda comenzar a desarrollarse hasta que adquiera la madurez necesaria para nacer?"*
>
> Bion, *Seminarios de San Pablo*, 1978, p. 198

Una idea en germen no debe ser expulsada, necesita encontrar un continente donde pueda alojarse hasta que sea viable para la comunicación. Una vez formulada-publicada podemos investigarla y decidir si se trata de algo que tiene potencialidades de crecimiento o incluso si es un germen enfermo.

La inhibición del nacimiento psíquico funciona como obstáculo al discernimiento y a la investigación. El desarrollo de la intuición entrenada psicoanalíticamente está relacionada con la idea del *at-one-ment* (Bion, 1970), devenirse uno consigo mismo.

Bion contrapuso *at-one-ment* con *atonement*, que en inglés significa sacrificio, expiación. Esta idea contrasta el devenirse sí mismo con poderosas fuerzas emocionales que se le oponen, que inhiben y ocupan el lugar de la investigación acerca del sí mismo, que es la esencia de un tratamiento psicoanalítico.

Se trata también de aspectos pre-natales de la mente que ante fracasos de la función *rêverie* ocupan su lugar. Se "encarnan" en un superyó como una conciencia moral que solo tolera relaciones de superioridad-inferioridad. En la clínica lo observamos como crítica persecutoria, generación de sentimientos de culpa, y otros funcionamientos con características inhibitorias. Transformar la crítica, el sentimiento de culpa, la inhibición en personajes que dialogan con otros, que son los criticados, me ha resultado un instrumento útil para que el paciente pueda desarrollar un vértice de observación acerca de estos problemas.

La personificación con sus características de "ficción" y juego dramático ayuda a desarrollar una mente separada que puede pensar la grupalidad primitiva y no actuarla. Esta "grupalidad" se encuentra en todo ser humano aunque esté aislado, porque es inherente a su condición de pertenencia a un animal de manada.[42]

En un psicoanálisis se manifiesta por una preferencia a eludir el dolor mental a través de colusiones por identificaciones proyectivas cruzadas entre analista y paciente. La idea de "cura" estimula

42 En *Experiencias en grupos* Bion considera que los tres Supuestos Básicos (SB) coexisten. Cuando predomina uno en relación con el grupo de trabajo, los otros dos funcionamientos de SB quedan relegados a un hipotético aparato protomental, en niveles humorales, neurofisiológicos. Estos funcionamientos protomentales contienen la semilla de la conjetura de lo pre-natal.

los funcionamientos de Supuestos Básicos (Bion, 1961) y contrasta con la de desarrollo mental.

El crecimiento mental es un parámetro de desarrollo de la capacidad de *insight* y de madurez para afrontar los conflictos emocionales. Está asociado al desarrollo de pensamientos y al uso de los mismos para resolver problemas en ausencia de los objetos, que "mide" la tolerancia a la frustración. Cuando en la clínica tratamos con lo pre-natal, en el sentido amplio en que lo definí, nos encontramos con situaciones que no han evolucionado para acceder al pensar. Estas ideas suponen una extensión de la mente hacia espacios no concebidos anteriormente como mentales.

La teoría clásica considera que el analista es la persona en la que el paciente transfiere sus imágenes internas. Esta idea no alcanza para reconocer los funcionamientos de la grupalidad primitiva y de las identificaciones proyectivas en las manifestaciones clínicas de la sesión.

Este nuevo enfoque sugiere que nos encontramos con un espacio multidimensional. Incluye la inquietante idea de pensamientos sin pensador y se extiende a una dimensión somática, y a la idea que como la personalidad no termina en la anatomía, fragmentos de la misma pueden estar alojadas en instituciones, amigos, parientes, etcétera.

Una espacialidad psíquica con discriminaciones adentro-afuera e incluyendo el tiempo como cuarta dimensión es fruto de un proceso de desarrollo. En muchos pacientes ese proceso no ha sido logrado a través de una digestión emocional de sus experiencias. Esto implica funcionamientos que pueden adecuarse a algunas de las circunstancias de la realidad externa, pero que por su rigidez no están diseñadas para afrontar turbulencias emocionales ni para alojar gérmenes de ideas nuevas.

Tiempo y espacio son nociones que se logran cuando se da un proceso de tolerancia al lugar y al tiempo donde el "pecho" estaba y no está. Ese lugar y ese tiempo "emocional" se transforman por tolerancia a la "no cosa", al pensamiento, en vértices de observación no saturados.

Si la emoción permanece en un estado de "no digestión", "espacio" y "tiempo" estarán invadidos por identificaciones proyectivas de elementos β, "cosas" que al modo de "fantasmas", ocupan el espacio y lo vuelven claustrofóbico o agorafóbico. El lugar de un vértice de observación es ocupado por un "vértice" de evacuación. Un lugar tan saturado no es apto para alojar los aspectos pre-natales de la mente, que encuentran trabada su evolución. Estos problemas también se manifiestan asociados a un espacio bidimensional (Meltzer, 1975).

Si pasado y futuro son profundas vivencias del presente, el problema psicoanalítico es el carácter de esas vivencias y sus diferentes transformaciones. El tiempo también puede estar saturado, inmóvil, reversible o circular (Meltzer, 1975) y ser escenario de ansiedades catastróficas en lugar de ser un vértice de observación.

En ese contexto podemos considerar a las emociones pre-natales no como restos arcaicos sino como pre-concepciones o pre-emociones, como semillas en un proceso evolutivo de crecimiento, de devenirse árbol. Si por una conjunción de tolerancia a la frustración modulada por una función *rêverie* la identificación proyectiva puede operar como un buscador o como una sonda lanzada al espacio, la búsqueda y descubrimiento de elementos percibidos en el espacio será el modo en que las pre-concepciones y las pre-emociones adquieran significado por la experiencia.

Se genera un espacio alfa como lugar que aloja "no cosas" que marcan el lugar donde las "cosas" estuvieron y no están, por contraposición a un espacio beta habitado por "cosas" que funcionan como fantasmas o terrores sin nombre.

Externalización → espacio transferencial

En la relación analítica la identificación proyectiva realista transmite al analista emociones, que pueden llamarse pre-natales, que el paciente todavía ni ha podido "soñar" ni nombrar. La identificación proyectiva no es en esta concepción solo una fantasía omnipotente, sino que se transforma en una operación que ocupa un "espacio" común a dos mentes que están vinculadas en una relación continente-contenido por una emoción.

Pero cuando dos personalidades se encuentran se genera turbulencia emocional, y esto es válido tanto para el encuentro dentro del paciente de sus aspectos pre y postnatales como para el encuentro paciente-analista. ¿Qué instrumentos contribuyen a mantener en el analista su capacidad de pensar pre-conceptual[43] y así ayudar al desarrollo de una mente separada en el paciente?

Esta pregunta se relaciona con las ideas de Bion inspiradas en sus *Experiencias en grupos* y retomadas en la relación del místico y el grupo, que aportan una noción aún muy poco investigada: "el componente grupal o social" de las perturbaciones mentales.

El analista está expuesto a este "componente grupal" no solo por su grupalidad primitiva inherente a todo ser humano, sino también porque necesita desarrollar su intuición y poner su mente al unísono con el "O"[44] (Bion, 1965) del paciente. Esto lo expone a funcionamientos que van más allá del área del pensamiento, a los terrores subtalámicos, y al componente grupal de ambos miembros de la pareja analítica.

Desintoxicación de las emociones

Bion tomó la idea de las posiciones de M. Klein y las transformó en una función mental: la oscilación PS $\leftrightarrow$ D[45]. Cuando opera

43 Pensar pre-conceptual significa tolerancia a la incógnita, tolerancia a la pregunta sin respuesta.

44 Bion usa "O" como origen, como realidad última incognoscible, como "vacío infinito y sin forma", citando a Milton.

45 Oscilación entre estados mentales de dispersión y estados mentales de integración o armonización a través del encuentro del hecho seleccionado.

en niveles maduros de complementariedad –como alternancia de vértices de observación–, esta función implica que un proceso de desintoxicación de las emociones tuvo lugar.

En la sesión nos ocupamos de lo que no sabemos, entramos en contacto con fenómenos que todavía no hemos observado. Esto está asociado a la observación de una serie de hechos aparentemente inconexos que supone una experiencia emocional de incertidumbre. El sentimiento de paciencia (Bion, 1970) atenúa para el analista esta similitud a las ansiedades de la posición esquizoparanoide.

El sentimiento de seguridad (Bion, 1970) relacionado con el encuentro del hecho seleccionado, diferencia en el analista un estado mental afín a la posición depresiva, pero no idéntico. Bion toma la idea del matemático Poincaré del hallazgo del hecho seleccionado (HS) como el hecho armonizador de una serie de elementos vistos como dispersos. El proceso de descubrimiento del hecho armonizador no puede ser puesto en marcha y mantenido sin la movilización de los procesos mentales del "soñar". La experiencia clínica me ha aproximado a la consideración del "soñar" y la personificación, como caminos en el hallazgo del HS, indispensable para la generación de significación, y recursos desintoxicantes por su nivel de mediatización y juego, que armonizan bien con un estado mental de no saturación.

Pensamiento onírico y generación de significado

La incapacidad de "soñar" implica que la persona no puede transformar sus experiencias emocionales para almacenarlas y poder usarlas para los procesos introyectivos. Se queda con la concretud y falta de significación de hechos que fracasan en devenirse experiencias internalizadas. Las experiencias quedan como hechos no digeridos. He podido observar que esto se refleja con frecuencia en un vivir apegado a la literalidad y concretud de los hechos del mundo externo. Se trata de personas que merced a su exoesqueleto pueden llevar lo que para un observador externo puede parecer como una vida sin mayores turbulencias.

Pero en un tratamiento psicoanalítico se descubre que se mueven en un mundo chato, fáctico, al cual subyacen terrores pre-natales nunca transformados. El daño en la barrera de contacto empuja hacia esa literalidad y carecen por lo tanto de instrumentos para comprender y afrontar los conflictos inherentes al desarrollo emocional.

La investigación de Bion sobre los trastornos del pensamiento puso los fundamentos de una epistemología psicoanalítica que toma en cuenta las fuerzas emocionales en la generación de pensamientos y de funciones mentales que posibilitan pensar y el pensarse a sí mismo.

La postulación del *rêverie* materno introdujo una función fundamental del "ambiente" para el desarrollo emocional de la personalidad humana. La relación entre la función *rêverie*, función alfa y los mecanismos de elaboración onírica no solo produjeron innovaciones muy importantes en la teoría del soñar y los sueños sino que llevaron a aperturas insospechadas en la teoría y en la clínica.

Bion extiende la idea de trabajo de sueño al trabajo de sueño alfa, o función alfa, como una forma continua de procesamiento de las experiencias emocionales: se trata de un proceso de "soñar" la realidad, que funciona como "digestor" de las experiencias emocionales. El pensar onírico es el modo a través del cual la mente asimila y registra las experiencias emocionales.

"Soñar" es una forma de pensar que es continua en la vigilia y en el estado mental dormido; transforma una masa incoherente de estímulos en ideogramas.

Estos ideogramas son formas sensoriales; visuales, auditivas, olfatorias, táctiles, etcétera, que alojan experiencias no sensoriales.

La función alfa opera sobre el "darse cuenta" de las experiencias.

La identificación proyectiva se vuelve hipertrófica y con una fuerte dosis de omnipotencia cuando se producen fallas en esta función. En mi experiencia clínica he podido observar también detenciones en las identificaciones proyectivas realistas, que obstaculizan el contacto emocional o evacuaciones en niveles somáticos. En todas estas situaciones está alterado el proceso de asimilación de las experiencias emocionales. No se producen "sueños", se carece de un espacio de "realidad psíquica", y sin fantasías y sueños no se tienen los medios de pensar un problema emocional.

El pensamiento onírico usa el material puesto a su disposición por el trabajo de sueño alfa para producir "mitos" que son comunicables. Bion sugiere que el "soñar" tiene algunas de las cualidades del sentido común, en cuanto al establecimiento de correlaciones, y es también una especie de sentido común "no común". Esto significa en mi opinión que el pensamiento onírico permite correlaciones "no comunes" que muestran vértices hasta entonces insospechados.[46] El pensamiento onírico tiene la función de encuentro del HS que armoniza una serie de elementos dispersos y es el modo de generar significado. También crea una barrera de contacto diferenciando consciente de inconsciente, que funciona como una membrana semipermeable protectora, con funciones tanto de barrera[47] como de contacto. Posibilita al paciente diferenciar mundo interno de realidad externa y moverse en un medio donde puede reconocer analogías, simetrías, metáforas.

El fracaso en establecer esta cesura puede llevar a una serie de trastornos que van desde algo equivalente a un estado mental en

46 Equivale por ejemplo a articulaciones como el oxímoron en literatura: se llama así a una figura de la retórica que combina palabras aparentemente contradictorias, como por ej. "una dulce amargura", o "un elocuente silencio".

47 La resistencia y la cesura tiene la función no solo de disfrazar y ocultar, sino de impedir que el contacto con el mundo externo sea invadido por los "sueños" y viceversa.

que el paciente vive en un mundo que debiera ser el "moblaje de los sueños", hasta un mundo fáctico y bidimensional donde no hay un espacio para la imaginación. Esta última alternativa fue descripta por Borges en su magistral cuento "Funes el memorioso", donde Funes, inmovilizado por un accidente (podríamos imaginar como equivalente a un daño mental) quiere hacer un diccionario infinito, porque no puede tolerar, por ejemplo, que el perro visto de tres cuartos de perfil tenga el mismo nombre que el perro visto de frente.

El analista puede construir artificialmente un sueño en forma análoga a como Borges "soñó" a Funes el memorioso. El hecho de que el analista pueda "soñar" al paciente posibilita un proceso de reparación y desarrollo de la función alfa y por lo tanto abre la perspectiva en el paciente para el desarrollo de pensamientos y la capacidad de usarlos para el contacto con el sí mismo.

Soñar la sesión y soñar como proceso relacional

La idea que el analista tiene que "soñar" al paciente y al O del paciente trae aparejado una aproximación técnica diferente en la tarea psicoanalítica. El "soñar" no solo genera barrera de contacto, sino que usar las imágenes oníricas al modo de incógnitas algebraicas para ir al encuentro de experiencias emocionales puede desarrollar la capacidad del paciente para el pensamiento abstracto[48]. Se trata de generar instrumentos para el crecimiento mental, a partir de un modelo relacional continente-contenido, en el cual el trabajo de sueño alfa del analista es central para el desarrollo emocional del paciente.

Bion se plantea una pregunta crucial para la clínica, que en mi

48 La abstracción tiene para Bion una característica diferente a lo que se entiende habitualmente. Esa característica es la de ligar conjunciones constantes, estableciendo grados crecientes de síntesis a través de ampliar correlaciones. (Bion, 1962).

opinión se relaciona con la construcción de instrumentos: la externalización es solo un escape estimulado por intensas ansiedades persecutorias o depresivas o es también un movimiento que en determinadas condiciones posibilita la construcción de un instrumento de exploración. Si no se lo enfoca como un mero escape defensivo, lo proyectado estará no solo impregnado de restos arcaicos que es necesario develar con la interpretación, sino que podrá considerarse como una potencialidad con capacidad de evolución.

La siguiente pregunta que Bion formula es si el hallazgo del hecho seleccionado tiene solo una función reaseguradora que modula la tensión interna derivada de las ansiedades de la posición depresiva, en virtud de ser un intento creativo y reparatorio o ese HS, es también en sí mismo un instrumento que permite la evolución de la personalidad, porque es importante para poner en marcha la oscilación dinámica de la posiciones (función PS ↔ D) y provee la posibilidad del desarrollo de una capacidad para "ver" totalidades" y descubrir significados.

La posición de Bion que comparto es esta última, que la externalización en una relación continente-contenido de beneficio mutuo y el hallazgo del HS brindan la posibilidad de construir nuevos instrumentos, que tienen sus raíces en la transformación de ansiedades primitivas, tal vez terrores sub-talámicos pero que a su vez pueden transformarse en herramientas para investigar esos mismos funcionamientos pre-natales. Porque en la medida en que por la relación continente-contenido las emociones se desintoxican y se transforman en emociones asociadas a imágenes, pensamientos, aptas para ser usados para pensar, la oscilación PS ↔ D se dinamiza, lo que implica mayor tolerancia a las distintas modalidades del dolor mental.

Personificación y vértices de observación

M. Klein (1929) descubrió que los juguetes pueden ser usados en el análisis de los niños "personificando" objetos internos. Bion usa esta personificación para investigar la relación entre los distintos aspectos de la personalidad (Bion, 1967).

La teoría de las transformaciones (Bion, 1965) elaborada para la observación clínica, introduce la idea de un proceso transformacional que va ocurriendo entre paciente y analista. El analista hace una transformación de la transformación que le llega de su paciente que a su vez hará otra transformación, en distintos ciclos transformacionales.

Bion trae el modelo del pintor que transforma su experiencia emocional en relación a un campo de amapolas en una pintura. Diferencia esta transformación de la que hace el jardinero que opera directamente sobre el jardín.[49]

Cuando en el campo de la sesión analítica el problema clínico que se presenta se relaciona con los aspectos pre-natales de la mente, analista y paciente se mueven en sistemas transformacionales diferentes. En estas situaciones es necesario construir un campo común, para encontrar el medio que pueda intersectar la evolución del "O" del paciente.

Pensando en los problemas de la práctica clínica cuando se ponen en juego intensas angustias frente al cambio catastrófico y frente a los terrores "subtalámicos", comencé a hacer la experiencia de combinar la idea de personificación con la de vértices de observación.

La experiencia clínica pone en evidencia que el mundo interno funciona con una cualidad dramática y esto me fue aproximando

49 "La posición del analista es afín a la del pintor que, a través de su arte, aporta algo a la experiencia de su público [...] los analistas no se proponen dirigir la vida del paciente, sino capacitarlo para que la viva según sus luces y, por lo tanto sepa con qué luces cuenta [...] un desarrollo mental sano depende de la verdad del mismo modo que un organismo vivo depende del alimento. Si está ausente o es deficiente la personalidad se deteriora. Esta convicción no puede apoyarse en evidencia de tipo científico. Tal vez la formulación pertenezca a dominio de la estética." (Bion, 1965, pp. 53, 54).

a la forma dramática como un modo logrado de personificación de experiencias emocionales, de partes pre-natales, y también de abstracciones, o de distintos vértices de observación que puedan entrar de ese modo en un diálogo.

El concepto de vértice como definición de la perspectiva desde donde se aborda, se comprende y se comunica una experiencia que confiere rigor científico a las formulaciones y posibilita una correlación o por lo menos una interacción o diálogo entre distintos vértices. Se ponen así en evidencia los puntos de desacuerdo y de acuerdo. Poder sostener puntos de desacuerdo entre los vértices del paciente y del analista es un buen continente para la grupalidad primitiva.

Cuando en lugar de vértices tenemos mundos cerrados donde habitan distintos aspectos de la personalidad, divididos por cesuras impermeables, la personificación de los distintos modos de funcionamiento, incluyendo los que aparecen como somáticos se transforman en vértices e instrumentos útiles de observación.

Estas consideraciones me llevaron a pensar en darle a la interpretación la forma de un juego conjetural de ciencia ficción psicoanalítico, como "personificación" de las crudas emociones que el paciente trae: darles forma de personaje a la culpa, a la intuición, al olfato, a la desconfianza, a la piel, a la panza, etcétera. Parafraseando a Pirandello, en vez de personajes en busca de un autor, proponer sentimientos, partes del cuerpo, etcétera, en busca de un personaje en quien encarnarse.

Podemos hacer la experiencia de "conversar" con la piel inflamada, con el dolor de estómago, o de cabeza, o con la culpa, o el reproche, etcétera. Cuando el paciente puede tomar el vértice del juego se desarrollan "conversaciones" interesantes y fructíferas.

Voy a intentar ilustrar algunas de las ideas sobre construcción de sueños y modelos y sobre el juego de personificaciones con una breve viñeta clínica.

Una "conversación" interesante puede ser la que mantuvieron las lágrimas con los ojos de Adriana, preguntándoles por qué nunca eran recibidas. En un diálogo con los codos resecos y lastimados por psoriasis estos manifestaron que estaban llorando.

Adriana escapó del mundo de las emociones hacia un mundo inanimado e inmóvil. Hablaba de las personas como si fueran cosas, hablaba como "de libro", para ella yo no existía salvo en el momento de la sesión y cuando mi persona se volvió como una existencia más obvia, comenzó a dormirse en sesión. El mundo de Adriana era mecánico y estaba lleno de certezas: ella sabía que nada iba a cambiar.

El dormirse en sesión y la desconexión emocional continuaron por bastante tiempo. Ninguna interpretación parecía encontrar eco en ella o solían chocar con una respuesta estereotipada, pero verdadera: "trato de identificar lo que me dice, pero tengo un blanco, no tengo imagen". Otra respuesta era "¿cómo se hace?"

Muchos años de trabajo analítico con la construcción de modelos trajeron a primer plano el problema de la inmovilidad y el cambio. En una sesión la paciente dijo que le dolía la boca del esófago por algo que había comido. También trajo un sueño: "Estaba en el andén del subte, vestida con una bata, miraba en dirección a los molinetes y a la ventanilla de la boletería. Había un guardia junto a los molinetes. Tenía miedo que si iba a buscar cambio no iba a poder volver."

Tuvo pocas asociaciones, solo una referencia a la bata, como algo antiguo que usaba la madre, al cambio como algo que estábamos tratando en sesión. A la salida de la sesión anterior había notado el cambio en el barrio donde se encuentra el consultorio, era un cambio agradable, había gente, luces. En relación al miedo[50] de no poder volver no pudo decir nada y quedó como desconec-

50 Por mucho tiempo cuando yo le decía que tenía miedo Adriana contestaba que no entendía que era eso, que no lo sentía.

tada. Le pregunté si podía describir o poner nombre al estado en que se encontraba y dijo que eran partes de ella que sentía que no tenían existencia. Exploré junto con ella la posibilidad de dialogar con estas "partes no existentes", la paciente dijo que eran partes asesinas. De un modo un poco confuso surgió una asociación: la película "Montecristo", con dos elementos: él no supo quién había decidido su destino, pero cuando sale de la cárcel se entera y se transforma en un asesino vengador.

En el diálogo, personificando el aspecto no existente, este se transforma en un elemento onírico que despliega los hechos no digeridos, como el resentimiento y la venganza, que hasta entonces habían quedado inmovilizados. La parte no existente tenía que quedar inmóvil. El obstáculo para ir a buscar cambio se podía empezar a develar, el terror ahora tenía un nombre y un significado: no existencia era no dejar existir al asesino. Esta no existencia obstruía cualquier contacto vital.

Conclusiones o aperturas

Mi experiencia clínica, elaborada a través de las ideas que desarrollé en este capítulo, me trajo evidencias de la potencialidad, como instrumentos clínicos, de la personificación, del uso de los sueños, mitos, es decir de una especie o clase de pensamiento onírico, para la generación de un espacio de juego en la sesión, que brinda una posibilidad de salir de las intensas ansiedades, al transformar los espacios claustrofóbicos o agorafóbicos en espacios de la realidad psíquica.

Se generan así las condiciones necesarias para transitar desde el espacio de la analogía al espacio de la transferencia y viceversa.

Un modelo para estos instrumentos es el sextante, que permitió navegar sin tener la costa a la vista. No es una expansión de nuestros sentidos como el microscopio o el telescopio, sino un medio indirecto que utiliza el navegante para orientarse en relación a objetos muy lejanos, equiparables a los fragmentos de la personalidad con los que nos encontramos en un análisis.

Por otra parte la conjetura ampliada de lo pre-natal promueve un giro, que saca los problemas psíquicos del área de la patología y de la "cura" para ubicarlos en una perspectiva de evolución y de desarrollo.

El arte en la técnica psicoanalítica consiste en que el analista complemente su intuición, entrenada psicoanalíticamente, con la transformación de los conceptos que habitan su mente, en pensamiento pre-conceptual.

Capítulo 7

Las mentiras en el campo analítico

La situación analítica estimula emociones primitivas e instala un factor de turbulencia emocional en el campo analítico. El cambio desde "aprender de la experiencia" hacia el "crecimiento mental", atravesando el cambio catastrófico implica concebir al psicoanálisis como un proceso de devenirse sí mismo, tendiendo a un desarrollo de ambos: paciente y analista. La evolución de un análisis demanda más análisis del analista, no porque el análisis precio haya fallado, sino porque para continuar en la tarea el analista necesita profundizar más profundamente en sí mismo.

La recomendación técnica bioniana: "sin memoria, sin deseo, sin entendimiento", como una disciplina mental del analista de esta en unicidad (at-one-ment) con lo que evoluciona del "O" del paciente, supone que el analista se deshaga temporariamente de sus defensas "normales" en relación a las "ansiedades catastróficas"; y así el analista mismo estará expuesto a esos estados mentales. La mente separada, con un funcionamiento científico, demanda tolerancia a los sentimientos de soledad y abandono de la "protección" de la adaptación a los Supuestos Básicos de los funcionamientos grupales primitivos.

El mentiroso patológico dice sus mentiras "voluntariamente", de un modo provocativo, comenzando con desarrollar a veces un sistema moral. En su necesidad de oyentes que presenten un soporte a sus mentiras, él "invita" a una colusión que siempre está asociada a un abandono de la técnica. Él trata de llevar o atraer al analista a su "juego" a través de hacerlo tomar un rol. Un paciente que sistemáticamente llega tarde, y al que se le ha mostrado una serie de factores para ello, pero continúa llegando tarde, pidiendo cada vez de ser "disculpado" parece forzar al analista a convertirse en su "conciencia moral". De ese modo el analista es atraído a un sistema de expiación y sacrificio, en lugar de at-one-ment (unicidad con uno mismo). La erotización sadomasoquista del dolor mental que tiende a acompañar la mentira también distorsiona el trabajo analítico. Esta clase de erotización se refiere a un dolor provocado o infligido, con la connotación de omnipotencia, diferente del dolor que es sufrido, en el cual las razones del dolor son respetadas. El mentiroso no puede soportar el estado emocional que acompaña las transformaciones hacia O que supone abandonar su sistema omnisciente y omnipotente (que es su otra cara). Esta clase de erotización refiere al dolor provocado o infligido con una connotación de omnipotencia. Se teme a O, el at-one-ment, en el cual emociones primitivas, vividas como peligrosas, se pondrían en juego. ¿Serán estas emociones tropismos no transformados? La posibilidad de ayudar al paciente a tener el coraje suficiente para devenirse "él mismo" de ser la persona que es y de tener suficiente respeto a su propia personalidad y no ser una mentira, porque una persona puede ser una mentira (Bion, 1980), depende de la posibilidad de manejar el conflicto de modo tal que se transforme en un conflicto endopsíquico, de modo que la rivalidad de métodos se transforme en un problema del mundo interno.

La idea psicoanalítica trajo turbulencia más allá de la tercera herida narcisista descrita por Freud. Esta turbulencia estimulada por la idea psicoanalítica necesita encontrar un Establishment (Bion, 1970) capaz de contenerla y permitir su evolución: si ese continente no puede ser encontrado, el psicoanálisis corre el riesgo de transformarse en un Supuesto Básico de expectativa mesiánica. Esto también está relacionado con el funcionamiento grupal primitivo. Lo opuesto a la expectativa mesiánica también puede ocurrir, puede ser demonizado, que es lo que parece prevalecer en la cultura actual porque el psicoanálisis no ha podido responder a las expectativas mesiánicas que parece haber estimulado. Desde este punto de vista, para nosotros psicoanalistas, comprender las mentiras no solo del mentiroso, sino cómo surgen las mentiras en una cultura que estimula métodos de autoengaño, de mentiras y de la banalización despojada de significado.

Pienso que así es como emerge este primitivo super-superyó, como un Dios que usurpa las funciones del yo de establecer los vínculos de contacto con la realidad. Las fallas o los fracasos en establecer los vínculos L, H, K, en la relación con el self también perturban las relaciones con los objetos. El modo en que el mentiroso usa el pensamiento y el lenguaje como acciones para manipular, implica que el significado ha sido destruido o anulado.

Relación continente-contenido

Las mentiras implican una relación continente-contenido parasitaria de destrucción mutua. La mentira es un tóxico parasitario del pensar así como de la expresión verbal, es decir del lenguaje. No tiene como objetivo la comunicación sino más bien la intención de llevar al interlocutor que recibe la mentira a una perturbación emocional y a hacerlo actuar. Uno de los factores para lograr esta provocación es la combinación de mentira, moralidad y culpa.

Las tareas que el *rêverie* materno deja de realizar recaen sobre la conciencia rudimentaria del infante (Bion, 1962). Así la evolución hacia la capacidad de devenirse consciente que contiene una conciencia capaz de darse cuenta de lo que percibe es obstruido. El lugar del *rêverie* es ocupado por una conciencia moral sin moral, que sustituye la exploración científica y el discernimiento entre lo que es verdadero y lo que es falso por lo que es moralmente bueno o malo. Así el super-superyó que solo concibe relaciones de superioridad e inferioridad usurpa las funciones del yo de contacto con la realidad. Es una relación menos continente contenido, que Bion describe con la fórmula: –♀ ♂.

La investigación de la mentira es sentida como una amenaza de catástrofe porque podría llevar a un cambio catastrófico: un cambio de sistema. Es decir, de un Sistema de conciencia moral hacia un Sistema de discernir entre verdad y falsedad a través de afrontar los hechos. Las mentiras oscurecen o disimulan el desamparo a través de mantener un funcionamiento omnipotente y omnisciente.

Las mentiras y el grupo

> "La presunción que subyace a la lealtad al vínculo K y que la personalidad del analista y la del analizando pueden sobrevivir la pérdida de su manto mentiroso de mentiras y subterfugios, evasión y alucinación y pueden incluso ser fortalecidos y enriquecidos por esta pérdida. Es una presunción fuertemente cuestionada por el psicótico y en principio *por el* grupo, que se fía de los mecanismos psicóticos por su coherencia y sentido de comodidad." (Bion, 1965, p. 129)

> "La acción apropiada para los tropismos es la búsqueda. Hasta ahora he considerado esta actividad como que pudiera ser pensada como relacionada con asesinato, parasitismo y creación, los tres tropismos. Así, considerados individualmente, los tropismos son vistos como buscadores de 1) un objeto para matar o ser muerto por 2) un parásito o un anfitrión, 3) un objeto a crear o por el cual ser creado" (Bion, 1992, p. 34).

Voy a desarrollar algunos pensamientos, ideas que están en progreso, que intentan ser un germen para una discusión fructífera. Necesitamos reconocer la tendencia hacia las mentiras y engaños no solo porque son tóxicas para el Desarrollo mental del individuo, que es el interés predominante del psicoanálisis, sino también por cómo y hasta qué punto es afectado el desarrollo ético de todo un grupo o grupos.

a) Quiero considerar la idea de los *tropismos* como un fenómeno primitivo que requiere una transformación a través del *rêverie* materno *y la función* alpha del analista.

Los fracasos en esa transformación de los tropismos, que son una parte de la personalidad, podría ser un factor en el desarrollo de mentitas. En *Cogitations* Bion dice que la acción apropiada de los tropismos es la búsqueda, lo que significa la búsqueda de un objeto, el pecho, en el cual puedan ser proyectados.

> "La acción apropiada a los tropismos es la búsqueda. Hasta ahora he considerado esta actividad como si pudiera relacionarse con asesinato, parasitismo y creación –los tres tropismos. Así considerado individualmente, los tropismos son vistos como su búsqueda en encontrar: 1) un objeto para asesinar o ser asesinado, 2) un parásito o un anfitrión, 3) un objeto para crear o por quien ser creado." (Bion, 1992, p. 34).

> "Los tropismos son la matriz de la cual surge la vida mental. Para que el proceso de maduración sea posible necesitan ser ganados al vacío y ser comunicados." (Bion, 1992, p. 34).

Él describe tres tropismos: asesinato, parasitismo y creación, pero tomados como un todo; Bion piensa que la acción apropiada en el paciente que viene para analizarse es la búsqueda de un objeto con quien la identificación proyectiva sea posible, porque en él el tropismo de creación es más fuerte que el de asesinato.

En el análisis de un mentiroso el analista está expuesto a una relación tóxica parasitaria porque las mentiras buscan colusión.

Bion también escribe sobre el narcis-ismo y el social-ismo, y a través de dividir las palabras de este modo, pienso que los considera como si fueran tropismos.

> "Estos dos términos podrían ser usados para describir tendencias, una ego-céntrica, la otra socio-céntrica, que pueden en cualquier momento ser vistos como informando grupos de pulsiones impulsivas en la personalidad. Son iguales en el monto y opuestos en el signo [...] Los dos deben ir juntos: si uno está operando también lo hace el otro." (Bion, 1992, p. 122)

Narciss-ism and social-ism coexisten en el individuo y a veces puede haber un conflicto agudo, como es obvio en la Guerra: morir por la patria.

Bion sugiere una modificación al postulado de Darwin acerca de la sobrevivencia del más apto: su sugerencia es que la sobrevivencia es de aquel que es el más apto para sobrevivir en el grupo. En su forma primitiva de tropismo, ambos polos (narcis-ismo y social-ismo) necesitan ser transformados. En el capítulo seis de *Transformaciones* (Bion, 1965, p. 63), relaciona el narcisismo con los vínculos L, H y K –Love (amor), Hate (odio) y Knowledge (disposición al conocimiento)– en la relación del self con el self: dice que el significado, que es psicológicamente necesario, es una función de estos vínculos. Al comienzo de la vida, el infante, debido a sus emociones primitivas y estados de la mente, no concibe la ausencia de significado; esta ausencia es vivida como si la fuente de significar, el pecho, ha sido destruido. Si un pecho con *rêverie* que transforma estos tropismos falla en proveer significado para el individuo, su narcisismo demanda la existencia de un Dios para quien él tenga un significado del cual beneficiarse. Pienso que así emerge el super-superyó primitivo que usurpa las funciones del yo de contacto con la realidad. Las fallas en establecer los vínculos L, H, K, en relación con el self también perturban las relaciones con los objetos. El modo en que el mentiroso usa el lenguaje y los pensamientos como acciones para manipular, implica que el significado ha sido destruido o anulado.

b) *Las mentiras son falsedades relacionadas con una moral sin moral;* y uno de los factores del poder del mentiroso para usar acciones manipuladoras es un factor endo-gregario: la capacidad de inocular culpa. Una parte de la personalidad desarrolló contacto con la realidad, que es usada astutamente para detener la crisis, un uso para el cual necesita una audiencia para la mentira para sostener el autoengaño. La culpa es un "mordiente" ideal (en el sentido químico) para la identificación proyectiva estimulada por la ambigüedad.

c) *La grupalidad primitiva*, un vestigio arcaico viviente de nuestra condición de "animal político" existe en cada personalidad y es lo que predomina en los funcionamientos de Supuestos Básicos (Bion, 1961). El Desarrollo de una mente separada significa tolerar el sentimiento de soledad y no dejarse atraer por el grupo, por la creencia de que la grupalidad es la fuente de viabilidad. El funcionamiento del "grupo de trabajo" (Bion, 1961) significa contacto con la realidad y cooperación. Las mentiras estimulan la grupalidad primitiva y ese es uno de los riesgos del analista en su trabajo.

Turbulencia emocional en la situación analítica

A medida que el pensamiento de Bion se va desarrollando se producen cambios en cuanto a su concepción del psicoanálisis y a sus objetivos. Sabemos que el psicoanálisis nació en Freud desde el punto de vista médico, con la idea de cura. Sus investigaciones lo llevaron a comprender muy profundamente el funcionamiento de la personalidad del ser humano y también el de los grupos, como lo podemos ver en "El malestar en la cultura", "Psicología de las masas", etcétera, y también por ejemplo en su correspondencia con Albert Einstein, donde intercambian consideraciones sobre "el porqué de la guerra". M. Klein profundizó la comprensión de la personalidad del ser humano, ahora ya no solo a partir del niño, sino también del lactante. También avanzó en la comprensión del funcionamiento mental planteando la idea de dos posiciones: la esquizo-paranoide y la depresiva, como una configuración de relaciones objetales, ansiedades y defensas. Bion, que se analizó con M. Klein, hizo importantes investigaciones psicoanalíticas, que junto con sus experiencias de vida le permitieron comprender que los objetivos del psicoanálisis no eran solo de una cura, sino que un tratamiento psicoanalítico abría las puertas a la posibilidad de un crecimiento mental y de una transformación de la personalidad, no solo de conocerse a sí mismo, sino de devenirse sí mismo. Esta concepción está emparentada con las ideas de Winnicott, en relación con encontrar un lugar dentro de uno mismo donde existir y sentirse real. Estas ideas de devenirse uno consigo mismo se relacionan con la disminución del funcionamiento Superyoico. Bion habla de un super-superyó, asesino del yo: es decir del superyó usurpando funciones de discernimiento del yo. ¿Qué quiere decir eso? Significa que en lugar de que el yo diferencie entre lo que es verdadero y lo que es falso o mentiroso, el superyó diferencia entre lo que es moralmente bueno y lo que es moralmente malo. Para ilustrar eso recuerdo una obra de teatro de Bertold Brecht: *Galileo Galilei,* donde discuten Galileo y el religioso: Galileo le dice que mire por el telescopio para comprobar sus teorías acerca de que la Tierra gira alrededor del Sol y el religioso le dice: "primero vamos a determinar si es moralmente bueno o malo usar el telescopio".

A continuación les voy a leer algunos comentarios de Bion en el sentido del crecimiento mental:

> "El problema psicoanalítico es el problema del crecimiento en su resolución armoniosa en la relación entre continente y contenido, repetido en el individuo, el par, y finalmente el grupo (intra y extra psíquico)" (Bion, 1970, *At. e Int.,* pp. 15-16).

"De todas las odiosas posibilidades, el crecimiento y la maduración son las más frecuentemente temidas y detestadas".[51] *Mental evolution or growth is catastrophic and timeless* (Bion, 1970, *Atención e interpretación*, p. 108).

La evolución mental es catastrófica y atemporal. Aquí catastrófico no quiere decir lo que comúnmente entendemos por catástrofe, sino desde un modelo geográfico, como cuando aparece repentinamente una montaña, como los Andes, no por una evolución geográfica lenta, sino en forma repentina.

Ahora vamos a considerar a la idea de turbulencia emocional.

La conjunción constante de elementos ligados bajo la denominación de "Turbulencia Psicológica" emerge y –en mi opinión– solo puede ser comprendida adecuadamente cuando, en 1965, Bion introduce el postulado transformaciones en O[52], que él consideró la condición crucial para el crecimiento mental. Este es un postulado que requiere también de cada uno de nosotros una transformación en O que moviliza turbulencia si nos vamos a aproximar a esta noción con la intuición, ya que al responder a la pregunta de con qué aprehendemos los estados emocionales, como por ejemplo la ansiedad, que no tienen formas sensoriales (no puede verse, oírse, olerse, etcétera) Bion responde que los intuimos. Y como esta intuición genera turbulencia, es necesario saber si la aceptamos.

Para desarrollar y fundamentar estas cuestiones y encontrarles el significado, tenemos que ir a ciertas vicisitudes del pensamiento de Bion. Desde 1963 en adelante Bion va a explicitar que la emoción es el núcleo de la vida psíquica y que la disposición al conocimiento (vínculo K) es un vínculo tan fundamental y primario como los vín-

---

51 *Of all the hateful possibilities, growth and maturation are feared and detested most frequently.* (Bion, 1970, *At. e Int.* p. 53).

52 Bion designó como O la realidad última que es incognoscible que tomó de Kant en la diferenciación entre el noúmeno y el fenómeno.

culos de amor (L) y odio (H) que ya habían sido desarrollados por Freud y M. Klein.

Bajo el vértice[53] de K (disposición al conocimiento) algunos conceptos psicoanalíticos básicos se redimensionan o incluso modifican: para empezar, su teoría de la función alpha o trabajo de sueño alpha, e incluyendo los objetivos y la técnica del psicoanálisis. Considerados bajo este vértice los conceptos psicoanalíticos cambian su configuración, de un modo distinto que cuando se consideran bajo el vértice L (amor) o H (odio).

Por ejemplo, el objeto se transforma en un proveedor de significado. El pecho, considerado como un proveedor de comprensión, experiencia y sabiduría (Bion, 1962, p. 11) en lugar del *toilette breast* del que habla Meltzer, que lo define como un proveedor de servicios, o de gratificación o frustración, como M. Klein.

También cambian los elementos que Bion toma del complejo de Edipo. En lugar de conflicto de amor y odio considerados por Freud, Bion toma la Esfinge[54] y la arrogancia en la investigación de la verdad.

La idea de inconsciente también cambia, ya que Bion toma la barrera de contacto de Freud pero dice que tiene que estar formada por elementos alpha, es decir diferencia una conciencia rudimentaria como la del bebé o el psicótico, una conciencia que percibe pero no se da cuenta, no comprende lo que percibe, distinto de una conciencia evolucionada que percibe y comprende lo que percibe. Y aquí lo inconsciente también se refiere a lo no descubierto, a lo no evolucionado.

En cuanto a la ansiedad, tal como fue concebida por Freud (en "Inhibición síntoma y angustia", como amenaza de situación traumática) y por M. Klein, que describe la ansiedad persecutoria

53 Bion usa el término *vértice*, más abstracto, en lugar de punto de vista para evitar la posible concretización psicótica de esta expresión.

54 Que mata a los que no pueden contestar la pregunta sobre el hombre y se mata cuando Edipo la contesta.

y la depresiva, desde su concepción de las posiciones, Bion toma el "terror sin nombre" una pérdida radical de significado o un no significado de la experiencia emocional. Se refiere a un estado emocional de desvalimiento, de desamparo.

El tratamiento psicoanalítico también es concebido no solo como hacer consciente lo inconsciente, relacionado con el levantamiento de las represiones, sino como tendiendo a generar un continente para las experiencias emocionales. También Bion incluye como muy importante la idea de evolución, el devenirse y el devenirse sí mismo. El devenirse porque la personalidad tiene que seguirse transformando y deviniendo hacia el crecimiento mental y además devenirse sí mismo, en el sentido winnicotiano de autenticidad.[55] En *Transformaciones* Bion habla de la transformación en O, de la transformación de O→K y de K→O. Bion se refiere con O a la realidad última incognoscible. Desde el punto de vista del psicoanálisis el O designaría la realidad última de la personalidad, el self real, como algo central para la experiencia emocional, que no puede ser conocida, solo puede ser devenida. Tal vez sea posible pensar ese O como lo que Matte Blanco denomina el inconsciente como sets infinitos o el objeto estético de Meltzer.[56]

Al postular "O", como ya me referí, Bion hace un cambio en relación al análisis, cuyo objetivo sería el devenirse real, el self real, diferenciando la acumulación de conocimientos de ese devenirse real. Esto último implica el contacto con una experiencia multidimensional: es decir devenirse del infinito vacío y sin forma hacia un auténtico crecimiento emocional. En cierto modo es devenirse en aquello en lo que uno va siendo, y ese devenirse toma en cuenta la vida, es decir la personalidad evolucionando. Bion considera que en este contexto de O→ también puede haber involución, deterioro.

---

55 Encontrar dentro de sí un lugar donde existir y sentirse real.

56 Objeto estético: un exterior aprehensible por los sentidos y un interior solo conjeturable por las conjeturas imaginativas.

Es en este contexto de transformación de K→O que encontramos el significado y la importancia de lo que implica la denominación "turbulencia emocional", o de "turbulencia psíquica" que Bion trata de esclarecer citando las tres noches del alma de San Juan de la Cruz. Se refiere aquí que usa esta cita para referirse al dolor involucrado en lograr un estado de ingenuidad: la primera noche es la de los sentidos, la segunda tiene que ver con caminos que el alma tiene que transitar para esta unión, es decir la fe, que es noche negra para la comprensión, y la tercera noche que es el punto hacia donde viaja, Dios, que igualmente es noche negra para el alma en esta vida.

Esto de las noches del alma, a las que me acabo de referir, quiere decir que para la transformación de K→O tenemos que renunciar a las funciones del yo que se usan habitualmente y que son esenciales en el dominio de K (disposición a conocer), por ejemplo, memoria, deseo, comprensión y percepción sensorial. El ejercicio activo y disciplinado de descartar estos recursos mentales en la sesión analítica, que son tan importantes y que han sido adquiridos laboriosamente, requiere mucha creencia en la existencia de una realidad última y una confianza en nuestros objetos internos, y a esa confianza Bion la llama "acto de fe". Bion usa algunos dibujos de Leonardo para expresar esa turbulencia. Este estado mental de "sin memoria, sin deseo, sin entendimiento", recomendación técnica que Bion añade a la "atención flotante" de Freud, genera una turbulencia similar a la de un salto al vacío, que necesita ser contenido, para que el cambio desde K (disposición a conocerse) hacia O, hacia el crecimiento, tenga lugar.

En la última parte de su obra, Bion consideró que todas las resistencias, en última instancia, son por miedo a la turbulencia psicológica que puede dispararse por la amenaza de las transformaciones en O y que, por esta razón, se teme madurar, que incluso es odiado.

Como recurso contra este miedo al crecimiento mental, y como una barrera contra esta turbulencia, se recurre a la memoria, al deseo, al entendimiento y a lo que se aprehende con los sentidos, para saturar nuestras preconcepciones y evitar la transformación de K→O. Las interpretaciones psicoanalíticas son aceptadas solo dentro del área de K (disposición a conocer), como una expansión del conocimiento que evite devenirse O, devenirse lo que uno va siendo. Este devenirse, este O, es el punto de intersección entre lo que va evolucionando en la personalidad y el pensador[57]. En el analista y en el analizando el continente deberá ser la mente de cada persona, con sus pre-concepciones ya existentes, es decir lo que Bion llama el Establishment.

Para que pueda haber una relación continente-contenido simbiótica (de beneficio mutuo entre continente y contenido, la relación tiene que ser simbiótica, es decir de beneficio mutuo. Y es precisamente cuando una idea nueva emerge, en el individuo, en el par, cuando emerge una situación crítica, y se produce la turbulencia psíquica. Es lo que Bion llama "cambio catastrófico", que no es una catástrofe, sino el surgimiento de algo nuevo para la personalidad. El individuo necesita, para el crecimiento mental la emergencia de ideas nuevas acerca de sí mismo y su realidad.

De modo que la función del trabajo del análisis es crear las condiciones para que surja la idea nueva, que son condiciones de contención para esos contenidos. En la clínica, en ese sentido, vemos que las condiciones son el encuadre, la disposición a la escucha del analista, el hecho de no tener una actitud crítica, superyoica y las interpretaciones que describen y esclarecen lo que el paciente trae.

Una muy importante herramienta clínica en el análisis es la correlación y confrontación de distintos vértices y esta confrontación y correlación solo puede ocurrir si la diferencia entre los

---

57 Recordemos que para Bion los pensamientos son anteriores al desarrollo de un aparato para pensar, y son los que estimulan el desarrollo de dicho aparato.

vértices no es ni demasiado grande ni demasiado chica. Tomando en cuenta esta idea de correlación y confrontación de vértices, pienso que se la puede considerar como uno de los pensamientos de la complejidad (Morin, E., 2008) y muchas de las teorías que pueden ser relacionadas con esta idea pueden constituir una rica fuente de metáforas para generar nuevos vértices para aproximarse a las cuestiones que estamos considerando aquí. Pensando en los instrumentos de la técnica psicoanalítica para aproximarnos a las ideas nuevas en un análisis, me parece que la exploración de los sueños y del material clínico "como si fuera un sueño" son muy útiles, así como la propuesta bioniana de las dos funciones matrices del pensar: la relación continente-contenido simbiótica, de la cual ya hablamos y la oscilación PS↔D es decir la oscilación entre estados mentales de dispersión y a continuación integración, luego del hallazgo del hecho seleccionado. Curiosamente Poincaré, uno de los inspiradores de Bion, al final de su vida se interesó en la turbulencia. Pero Poincaré no tenía los instrumentos matemáticos para construir una teoría sobre la turbulencia. Recién aparecieron estos instrumentos por 1960 con la teoría del caos. En cuanto a la cuestión de la realidad última incognoscible y de las confrontaciones y correlaciones de vértices se pueden relacionar con las teorías de los investigadores chilenos Maturana y Varela de la autopoiesis. Estos teóricos consideran que el conocimiento no tiene que ver con que nosotros tenemos una fiel representación mental de lo que existe en el mundo externo, independientemente del observador, sino que sostienen que hacemos aparecer el mundo a través de "actos de distinción" que dependen de nuestra estructura autoorganizada y autopoiética[58].

---

58 Maturana y Varela, dos biólogos chilenos, propusieron el concepto de *autopoiesis (poiesis significa creación)*, que explica cómo la vida se genera y regenera a sí misma, conservando ciertos rasgos que pasan de generación en generación, adaptándose a cambios en el entorno. Las unidades vivas, como los individuos, nacen junto con su nicho ecológico y se trans-

Es decir que vemos el mundo desde nuestros vértices, diferentes de los vértices de otras personas.

Implicancias clínicas de las ideas de turbulencia e identificación proyectiva

¿Cómo se da cuenta el analista de la identificación proyectiva del paciente, aunque aparentemente no se genere turbulencia? Frecuentemente el analista descubre que ha estado jugando un papel en alguna de las fantasías inconscientes del paciente. Este descubrimiento suele ser retrospectivo, ya que la participación del analista en esta construcción interpersonal lógicamente precede al reconocimiento o a su darse cuenta, debido precisamente a la identificación *proyectiva*. En cuanto a la interpretación de la identificación proyectiva, es decir cómo mostrarle este modo de funcionar al paciente, al interpretar la identificación proyectiva se debe reconocer que es un intento de comunicación del paciente más que una defensa de evasión.

Si tomamos en cuenta las ideas de Bion en cuanto a la identificación proyectiva como un modo de comunicación primitiva, que para transformarse requiere del *rêverie* materno, podemos comprender que el paciente tiene ese modo de comunicación primitivo, que puede haberse hipertrofiado, porque le ha faltado la función del *rêverie* materno, que permite comprender la comuni-

---

forman con él. Por tanto, todo lo vivo hoy parte de las unidades autopoiéticas (células) generadas hace 3800 millones de años, transformadas en su devenir histórico, que constituye un proceso de aprendizaje y adaptación del linaje al medio cambiante. La autopoiesis aporta una explicación de lo vivo como un acoplamiento estructural de unidades autoreferenciadas, autónomas, que se autogeneran, determinadas por su organización (estructura y funciones), producto del devenir histórico de acoplamientos estructurales en secuencias ininterrumpidas.

cación primitiva, "soñarla" y darle un significado. El uso como defensa es mucho menos aceptable, para el paciente, y al mostrárselo se puede volver persecutorio. Sin embargo, frecuentemente su uso como un modo de comunicación primitiva, implica una falta de maduración. Comprender eso hace que el paciente pueda sentirlo como menos persecutorio. La idea de Bion es que, en principio, en el bebé la identificación proyectiva es un medio primitivo de comunicación: el bebé llora y la mamá se angustia y hace algo. Es decir que a diferencia de M. Klein, que descubrió este mecanismo, pero lo consideró más en su función de defensa que de comunicación, Bion lo considera como un modo primitivo de comunicación, que la madre con *rêverie* puede transformar. El *rêverie* materno, puede "soñar" esa identificación proyectiva y darle un significado. El significado es el nutriente de la mente. Por eso, desde el punto de vista técnico, es necesario que el analista reciba las identificaciones proyectivas del paciente y que a través de su *rêverie* pueda devolverle al paciente un significado, que lo ayude a madurar, a crecer.

En ese sentido también hay un cambio de Bion en relación a los objetivos del análisis: para Freud, en su primera tópica, era hacer consciente lo inconsciente, y la necesidad de elaboración de lo devenido consciente. Luego en la segunda tópica, Freud dice: donde era ello que haya yo. M. Klein, al desarrollar las hipótesis de las posiciones, se refiere al desarrollo de la personalidad hacia la posición depresiva y la necesidad de reparar en primer lugar los objetos internos. Bion, al considerar el crecimiento mental, agrega a la reparación la idea de evolución de la personalidad a lo largo de la vida.

Capítulo 8

Transformaciones

Con el término 'transformaciones' Bion introduce una nueva perspectiva para plantear y pensar los problemas en el área del pensamiento, la psicosis y los grupos. Los términos 'invariancia', 'transformación' y otros tienen significados ya existentes en matemáticas, filosofía y en otras disciplinas, pero aquí vamos a ver cómo Bion las utiliza para comprender específicamente problemas psicoanalíticos. Esta modalidad de abordaje puede parecer extraña, como lo dice el mismo Bion, pero nuevamente es un intento de este autor de comprender desde una nueva perspectiva los problemas clínicos que se nos plantean en una sesión psicoanalítica. No se trata de nuevos problemas sino de un modo diferente de abordarlos y comprenderlos.

Meltzer nos dice que para desarrollar tolerancia a la lectura del libro *Transformaciones* deberíamos imaginar un Leonardo de hoy en día diseñando sus máquinas voladoras, produciendo maravillosos dibujos, fuegos artificiales y juguetes mecánicos. Nuestra tarea para acceder a la comprensión de este libro es tomar seriamente las intenciones de Bion y luchar con los sentimientos que despierta, tales como resentimiento, sospechas de que está loco, la humillación de la cita de autores que con suerte y viento a favor apenas conocemos y sobre todo con la exasperación frente a sus intentos de matematización. Bion dice explícitamente que él no acuerda con la noción de que un sistema pueda ser considerado científico a menos que sea expresado en términos matemáticos. Sin embargo,

¿cómo tolerar en la lectura de *Transformaciones* la proliferación de esta matemática a lo Lewis Carroll, con sus notaciones al estilo matemático, y no solo letras en griego, sino también palabras en griego, flechas, puntos, líneas, etcétera? Por momentos, ante este asalto a nuestra mente, sospechamos que el libro parece escrito por el paciente B. de Bion y que podríamos citar muchas oraciones que suenan a las del paciente que hablaba de "la chica que dejó sus calzones". Antes de decidir tirar este libro consideremos otro vértice o punto de vista para abordarlo.

¿Nos podemos preguntar a dónde se dirige este moderno Leonardo? Tomando entonces la metáfora de ese genio multifacético, Leonardo, podríamos decir que en *Aprendiendo de la experiencia* Bion trató de construir un aparato para volar llamado función alpha[59] y que en *Elementos del psicoanálisis* se aproximó a desarrollar La Tabla como un instrumento de navegación[60], para poder orientarnos como analistas en el cosmos del pensamiento. *Transformaciones* requiere como modelo el sextante[61], un instrumento que permitió navegar sin tener la costa a la vista. No es una expansión de nuestros sentidos como el microscopio o el telescopio, sino un medio indirecto que utiliza el navegante para orientarse en

59 Para comprender desde el psicoanálisis el desarrollo de pensamientos, la función de pensar y sus obstáculos.

60 La Tabla sirve para pensar lo que ocurre en la sesión, pero fuera de ella, para comprender el nivel en el que funciona o no funciona la capacidad de pensar del paciente y cómo es necesario reparar de esta función en un tratamiento psicoanalítico. La capacidad de pensar es un instrumento y si el paciente carece de herramientas mentales no tiene herramientas para resolver sus problemas.

61 *Sextante* es un instrumento que permite medir ángulos entre dos objetos tales como dos puntos de una costa o un astro, generalmente en el Sol y el horizonte. Conociendo la elevación del Sol y la hora del día se puede determinar la latitud a la que se encuentra el observador. Esta determinación se efectúa con bastante precisión mediante cálculos matemáticos sencillos a partir de las lecturas obtenidas con el sextante.

relación a objetos muy lejanos, equiparables a los fragmentos de la personalidad con las que nos encontramos en un análisis.

Este navegador del cosmos del pensamiento que Bion propone, parece ser una mezcla de un juego psicoanalítico serio con algunos elementos al modo que los usan los matemáticos y está relacionado con la necesidad de hacer observaciones psicoanalíticas genuinas y que puedan ser usadas por el mismo analista después de la sesión y también para un intercambio entre psicoanalistas hablando un "mismo lenguaje".[62] Esto es esencial y gran parte del capítulo 3 de *Transformaciones* parece estar dedicado a ello. Un paso más implica después la necesidad de tomar los instrumentos que tenemos, para aplicarlos a los datos que hemos observado y luego tenemos que reconocer cuán inadecuados son estos instrumentos, para poder modificarlos y aplicarlos nuevamente a la observación.

Este libro da la impresión de ser no solo el registro del pensamiento de Bion sino también de su método para pensar. Bion nos dice que *la teoría de las transformaciones no es una teoría psicoanalítica sobre la personalidad, sino una teoría de la observación psicoanalítica de la personalidad.* Indudablemente en mi opinión la posibilidad de caracterizar las transformaciones del paciente en cada sesión, a lo largo de la sesión y a lo largo del proceso analítico es una poderosa herramienta clínica. También poder caracterizar las transformaciones del analista y del vínculo analítico es una herramienta significativa para nuestra clínica.

El subtítulo del libro dice: *desde el aprendizaje al crecimiento mental.* Aquí vemos que Bion está introduciendo una nueva perspectiva del psicoanálisis: no solo como cura, no solo como psicopatología sino como una herramienta para el desarrollo del cre-

62 Es probable que más adelante en su obra Bion haya considerado que los mitos y modelos son una comunicación bastante buena, tanto con el paciente (si no adolece de trastornos del proceso de simbolización) como entre analistas. Freud, con su genial intuición, marcó el camino en ese sentido, al hablar de Edipo y de narciso.

cimiento mental. Bion hizo un giro copernicano al postular que epistemológicamente los pensamientos son anteriores al aparato para pensarlos y al proponer la función alpha como indispensable para el desarrollo de una conciencia evolucionada y asociada a un inconsciente, capaz de darse cuenta, a diferencia de una conciencia rudimentaria, que percibe, pero no se da cuenta de lo que percibe. Siguiendo la evolución de su pensamiento, observamos que en *Transformaciones* vuelve a sorprendernos proponiendo los conceptos de *crecimiento mental, cambio catastrófico y at-one-ment*[63], *y el devenirse uno con uno mismo.*

El crecimiento mental por una parte alude al "cambio catastrófico" y a un devenirse uno consigo mismo, como un proceso, pero a la vez discontinuo con la cualidad de una mutación. (En ese sentido rompe con la idea de continuidad genética[64]). Por otra parte, este crecimiento también refiere a la formulación de diferentes niveles de abstracción del pensamiento y de la función de pensar, con distintos grados de complejidad y a la plasticidad de los usos (hileras y columnas de La Tabla[65]).

Bion usa dos modelos interesantes para ilustrar la idea de transformaciones:

1) El modelo del pintor que transforma un campo de amapolas en un cuadro, a través del medio de la pintura y la tela.

---

63 Una conjetura es que Bion usó esta expresión: at-one-ment que significa estar en unicidad con uno mismo, para contrarrestarla con *atonement* que en inglés significa expiación y que alude al super-superyó primitivo que usurpa las funciones de juicio de realidad del yo.

64 Continuidad genética asociada en Freud con la idea de estadios y en M. Klein con la hipótesis de las posiciones. Bion transforma las posiciones kleinianas en una de las funciones matrices del pensar: la oscilación PS↔D, oscilación entre estados de dispersión, de no entender y estados de integración.

65 Las hileras clasifican distintos grados de abstracción del pensamiento y las columnas clasifican los usos.

2) El modelo de un lago que refleja los árboles, perturbado por el viento y el observador que solo ve el reflejo de los árboles en el agua. Es la misma imagen de la caverna de Platón pero con la hipótesis de la imagen perturbada por las emociones: L (amor), H (odio) y K (disposición a conocer).

También usa un tercer modelo que es el del agua que parece muy quieta hasta que se introduce un palo y entonces se puede observar el movimiento.

Meltzer dice que en este libro (y yo diría que también a partir de la postulación de la función alpha) parece implícita la idea de un trabajo de elaboración que está involucrado en la noción de crecimiento mental. Parece implicar una modificación a la idea de Freud que veía el trabajo de sueño mayormente al servicio de la censura para esconder la verdad, en Bion en cambio lo onírico (en un sentido más amplio[66]) es una elaboración para dar forma al pensamiento naciente. Donde parece acordar con Freud es en cuanto a ubicar el pensamiento y el sueño entre el impulso y la acción, que es fundamental para tratar con los problemas, a través de poder pensarlos, de poder simbolizarlos, en ausencia de los objetos.

El punto fundamental de este libro además del crecimiento es el de la verdad. Ambos puntos están relacionados. No se trata de una verdad absoluta, que es inalcanzable, sino de la verdad, más como sinceridad, respeto por los hechos como son y no como uno quisiera que fueran. Bion nos dice que "si la verdad no es esencial en el T beta (producto final de la transformación) del analista, T beta debe ser considerado como expresando una manipulación de las emociones del paciente o del público.

La teoría de las transformaciones es una teoría tendiente a me-

---

66 "Soñar" para Bion está asociado a la función alpha que es una función que opera de día y de noche y transforma los crudos elementos β (beta) en elementos α (alpha) que son aptos para pensar.

jorar la observación psicoanalítica. En este libro Bion se aproxima a la intuición que será formulada por él como Cambio Catastrófico: que en este libro se comienza a conceptualizar como "transformación hacia O". Se diferencia de las transformaciones hacia K (vínculo de disposición al conocimiento) que refieren a la disposición a conocer, disposición al conocimiento –también podríamos hablar de curiosidad o interés– acerca de la realidad psíquica, en tanto las transformaciones hacia O, se relacionan con el "devenirse", con ser "eso" que uno está siendo. En mi opinión parece referirse a la autenticidad, a ser auténtico con uno mismo.

La idea de transformaciones está ligada a la postura epistemológica de Bion: la realidad última es incognoscible, solo la podemos conocer a través de sus transformaciones. Bion da a la realidad última las mismas características que las que Freud dio a la naturaleza del inconsciente, que es incognoscible, solo lo podemos conocer por sus derivados.

El objetivo de esta teoría es: a) desarrollar la capacidad de observación del analista, b) facilitar el contacto y la comunicación entre paciente y analista.

La indagación de Bion describe tres tipos de transformaciones, a las que agrega luego la transformación en K[67] (de O→K) , la transformación hacia O (K → O) y la transformación de O → O.

Desde una realidad última incognoscible: O, algo evoluciona en cada sesión. Bion describe un proceso transformacional, que lo denomina T p. α (cuando se trata del paciente: transformación paciente α) y un producto de esa transformación que lo describe como T p. β (transformación paciente β). En el caso del analista lo mismo: el proceso transformacional: T a. α (transformación del analista α y el producto de la transformación T a. β (transforma-

67 K: se refiere al vínculo de disposición a conocer, viene de la palabra inglesa *knowledge*. "O" puede referirse al origen en el sentido de verdad última incognoscible.

ción del analista β)[68]. Bion también se refiere a ciclos transformacionales: el paciente hace una transformación de lo que evoluciona de su O, al analista le llega el producto de esa transformación, y este a su vez hace una transformación de la transformación del paciente. Este es un primer ciclo transformacional, y habría un 2º, 3º, etcétera.

Transformación significa cambio de forma, como por ejemplo cuando decimos que el agua, en determinadas circunstancias, se transforma en vapor, o cuando consideramos un mapa como una versión transformada de una determinada región geográfica. Antes de que Bion desarrollara el concepto de transformaciones ya lo encontramos en la teoría psicoanalítica: cuando considera el contenido manifiesto de un sueño como resultado de un proceso de elaboración onírica que transformó las ideas latentes del sueño en imágenes visuales o los síntomas como una versión transformada de un conflicto, etcétera.

Bion propone una teoría de las transformaciones como una herramienta para la observación psicoanalítica y no como una teoría psicoanalítica. En ese sentido nos llama la atención que en nuestra tarea como analistas permanentemente estamos observando y realizando transformaciones. Las asociaciones del paciente o el juego de nuestros pacientes niños son formulaciones en palabras o en juego de pensamientos y emociones.

Estos pensamientos y emociones se refieren a hechos ya sean presentes, pasados o futuros, internos o externos, de los que a su vez son transformaciones. También la interpretación o la conjetura psicoanalítica también es una transformación de los pensamientos y de la experiencia emocional del psicoanalista en la sesión. A través de la teoría de las transformaciones Bion sugiere que la tarea del analista sea considerada, por analogía con la de un artista o la

68 No hay que confundir estos α y β que se refieren a pasos en el proceso de transformación con los elementos α y β.

de un matemático, como una transformación de una experiencia emocional. Esta teoría propone instrumentos para apreciar la observación de los hechos y su transformación en pensamientos capaces de crecer y adquirir significado. En el caso del analista Bion considera que estas transformaciones están asociadas al amor a la verdad y a un sentido estético que son funciones de la personalidad del analista, que a su vez se integran con su formación psicoanalítica y su experiencia en la tarea. La idea de transformaciones supone un *estado o un hecho inicial*, un *proceso de transformación* que se realiza en diferentes condiciones y un *producto final* que es lo que resulta del proceso.

Bion llama O al hecho original, T a la transformación. T alfa (Tα) al proceso y T beta (Tβ) al producto final. La letra O Bion la usa para representar el origen del proceso de transformación, que es incognoscible. Bion usa dos elementos conceptuales como llaves: 1) *Invariancia:* lo que pasa de un sistema transformacional a otro, persistiendo, aunque transformado. Implica que un elemento pasa de una transformación a otra, pero transformado de modo que un desafío es poder detectar la invariancia. La invariancia es la que permite reconocer en la transformación, el original transformado. 2) *El medio*: en el cual la transformación se realiza. Las amapolas son la invariancia, pero pasan de un medio transformacional de lo percibido por el pintor a su transformación en un medio pictórico del cuadro, distinto de un medio de alucinosis en que puede considerarse las transformaciones de un psicótico. Así investigando las transformaciones Bion tomó el campo de amapolas como estímulo del pintor en una punta y en la otra el cuadro pintado; lo hizo para proveer un modelo que pudiera iluminar un aspecto o una parte del todo: la parte que ocurre en la mente del artista.

Sostiene aquí que el dominio que abarca el psicoanalista recae entre el punto en que un hombre recibe una impresión sensorial y el punto en el que da expresión a la transformación que tuvo lugar.

Los principios de la investigación necesitan ser constantes, sea cual sea el medio en que se realiza la investigación: puede ser un medio musical, pictórico, expresión verbal entre dos personas, etcétera. Tiene que haber alguna constante, ya sea que se investigue una mente sana o insana.

Aquí toma también el modelo de los árboles que se reflejan en el lago. Los árboles (el O) no se pueden ver, y el reflejo que se ve depende de la atmósfera más o menos turbulenta. En psicoanálisis es importante determinar el medio en el que ocurren las transformaciones, sea este la mente, el cuerpo o el mundo externo.

De acuerdo al medio transformacional, Bion clasifica las transformaciones en:

1) Transformaciones en movimiento rígido o podríamos llamarlas transformaciones en pensamiento.
2) Transformaciones proyectivas (tomando como modelo la geometría proyectiva).
3) Transformaciones en alucinosis: que no es sinónimo de alucinación, pero Bion tampoco aclara su diferencia. Tal vez se pueda pensar por ejemplo en un prejuicio, que es más sutil que una alucinación.

A esto agrega dos transformaciones que toman en cuenta la dirección en que las transformaciones se hacen. Las transformaciones desde O→K, las transformaciones de K→O y las transformaciones de O→O. Intentando dar encarnadura a estos conceptos tan abstractos podemos pensarlas como una transformación en disposición al conocimiento, transformación de algo obtenido por conocimiento en un insight que permite devenirse "eso" y en irse deviniendo de un momento auténtico en otro momento de autenticidad.

También pueden darse transformaciones en –K, que en mi opinión son las transformaciones en alucinosis, en que se da una rivalidad con O. No se reconoce una verdad última, incognoscible, y se considera –K como que es la "verdad" fabricada, superior. Sin mucho esfuerzo podemos reconocer en el fanatismo este tipo de transformaciones que son formuladas como verdad absoluta.

Referencias bibliográficas

Álvarez, A., Reid, S. (eds.). *Autism and Personality*, Londres, Routledge, 1999.

Bion, W. R. *Experiences in Groups*, Tavistock Publications, Londres, 1961.

——— El mellizo imaginario. En *Second Thoughts*, William Heinemann, Medical Books, Londres, 1967.

——— *Aprendiendo de la experiencia.* William Heineman Medical Books, Londres, 1962. (En español, ed. Paidós, 1966).

——— *Transformations.* William Heinemann, Medical Books, Londres, 1965.

——— *Attention and Interpretation*, Tavistock Publications, Londres, 1970.

——— *La Tabla y La Cesura.* Imago Editora, Rio de Janeiro, 1977, en español Gedisa, Buenos Aires, 1982.

——— *Making the Best of a Bad Job.* En *Clinical Seminars and Four papers*, 1979, Fleetwood Press, Oxford, 1987.

——— *Bion in New York and Sao Paulo,* Stathclyde, Clunie Press, 1980. En español en La Tabla y La Cesura, Gedisa, Buenos Aires, 1982.

——— *A Memoir of the Future.* Karnak Books, Londres, 1990.

——— *Cogitations.* Karnak Books, Londres, 1991.

——— *Taming Wild thoughts.* Karnak Books, Londres, 1997.

Buber, M. *Yo y Tú.* Nueva Visión, Buenos Aires, 1977.

Carroll, L. *Alicia en el país de las maravillas.*

Cortázar, J. *Imagen de John Keats.* Alfaguara, Buenos Aires, 1996.

Freud, S. *Interpretation of Dreams*, S.E., T. IV y V.

——— *Formulations on The Two Principles of Mental Functioning*, S.E., T. XII.

Gampel, Y. *Esos padres que viven a través de mí.* Paidós, Buenos Aires, 2006.

Grinberg, L. "Sobre algunos problemas de la clínica psicoanalítica determinados por la identificación y la contra identificación proyectiva". *Revista de Psicoanálisis,* n. 71, 2014.

Heisenberg, W. "Über den anschaulichen Inhalt der quantentheoretischen Kinematik und Mechanik" (Sobre el contenido descriptivo de la cinemática y la mecánica cuántica), publicado en la revista *Zeitschrift für Physik*, 1ª. ed., 1927.

Keats, J. *Letters.* M.B. Forman, Londres, Oxford University Press.

Klein, M. *La personificación en el juego de los niños,* 1929. En *The Writings of Melanie Klein.* Karnak Books, 1992.

Langer, S. Philosophy in a New Key, Editado por Harvardard University, 1942.

Mankiewicz, R. *Historia de las matemáticas. Del cálculo al caos.* Paidós, Buenos Aires, 2000.

Matte Blanco, I. "The unconscious and infinite sets". Durkwoth, 1975, Londres. [También en Routledge, Londres, 1988].

Maturana, H. y Varela, F. *De máquinas y seres vivos, una teoría sobre la organización biológica.* Editorial Universitaria, Santiago de Chile, 1972.

Meltzer, D. *La aprehensión de la belleza.* The Roland Harris Educational Trust Library, Londres, 1990.

——— *Exploración del autismo.* Clunie Press, Pertshire, 1975.

Milner, M. *The Hands of the living God.* The Hogarth Press, 1969.

Money-Kyrle, R. E. *Man's Picture of his World.* Duckworth, Londres, 1961.

Morin, E. *Introducción al pensamiento complejo.* Gedisa, Barcelona, 1994.

Ogden T. *The Matrix of the Mind.* Karnac, 1992.

Pirandello, L. *Seis personajes en busca de un autor, Comedia por hacer.* Ediciones del 80, Buenos Aires, 1980.

Poincaré, H. *Les sciences et les humanités.* París, Fayard, 1911.

Popper, K. *La sociedad abierta y sus enemigos.* Routledge, 1945.

Proust, M. *À la recherche du temps perdu, Du Côté chez Swann,* Gallimard, 1994.

Puget J., Wender L. (1982). "Analista y paciente en mundos superpuestos". *Psicoanálisis,* Vol. I, V, n. 3, pp. 503-532, 1982, 1991).

Segal, H. Dream, *Phantasy and Art,* Routledge, 1991.

Sor, D. y Sennet, M. R., Cambio Catastrófico, psicoanálisis del darse cuenta. Buenos Aires, Kargieman, 1988.

Winnicott, D. *Realidad y juego,* Gedisa, 1971.

Otros libros de Lia Pistiner de Cortiñas

Sobre el crecimiento mental

Ideas de Bion que transforman la clínica psicoanalítica

Buenos Aires: Biebel, 2011

Lía Pistiner de Cortiñas hace una profunda investigación del pensamiento de Bion, revisitando muchas de sus ideas y aportando una original mirada sobre el *rêverie, la función de "soñar"*, el *crecimiento mental* y las transformaciones que estas ideas introducen en la clínica psicoanalítica.

Partiendo de las influencias históricas que contextualizan la producción de dicho autor, Pistiner traza la evolución de las ideas de Bion desde su *Experiencias en grupos*, recorriendo sus desarrollos sobre la parte psicótica y no psicótica de la personalidad, los trastornos de la función de pensar y los vínculos emocionales. Ilustra ideas de un alto nivel de abstracción proporcionando modelos ágiles a partir de films usados a modo de material clínico. El capítulo dedicado a *Transformaciones* nos lleva al cambio que Bion introduce desde *Aprendiendo de la experiencia hacia el crecimiento mental.*

A Bion le debemos no solo la investigación y comprensión psicoanalítica de la función del pensar y de la disposición a conocer como vínculo emocional, sino que en la última parte de su obra desarrolla la poderosa idea de que el desafío de un tratamiento psicoanalítico no es sólo *conocerse a sí mismo sino el devenirse sí mismo, uno consigo mismo.*

La autora aborda, por último, cuestiones relativas a la mente primitiva, que tuvieron en Bion un abordaje original a partir del concepto de *tropismo.* El lector encontrará también una integración de la ideas de Frances Tustin sobre autismo y sobre las posibles evoluciones de la mente embrionaria hacia la turbulencia psicótica o hacia el páramo autista.

Autismo

Una perspectiva psicoanalítica

Buenos Aires: Biebel, 2015

Los fenómenos autistas nos hablan de personas que se han replegado a un mundo de no ser. El páramo autista como zona de la mente ha llamado la atención de autores psicoanalíticos por sus características de aislamiento y desconexión que detienen el desarrollo mental, transformando la mente viva en un *no lugar* donde los fenómenos animados se vuelven inanimados. Para aproximarnos a esa zona en un análisis, tenemos que pensar en una parte no autista de la personalidad. En la evolución de su pensamiento F. Tustin pasó de considerar al funcionamiento autista como un estadio evolutivo a visualizar el encapsulamiento autista como un "cascarón protector". Este cambio significó también una perspectiva muy diferente. El *nacimiento psíquico* es una metáfora que alude al desarrollo del proceso de simbolización a partir del pensamiento embrionario. El analista tiene que "soñar" la sesión y "soñar" al paciente, lo que significa un sueño construido artificialmente. Con los niños que no juegan y con los adultos con enclaves autistas a los que es necesario llegar para poner en marcha un crecimiento mental detenido, antes de interpretar contenidos, es necesario construir un espacio lúdico como continente y personificaciones para poner en marcha la expresión de contenidos. Propongo la idea de introducir como abordaje técnico la construcción de un espacio lúdico cuando falta y la personificación de las emociones a través del juego. Esta técnica permite poner una cierta distancia con las emociones y al mismo tiempo posibilita un diálogo con la propia personalidad.

Soñar la realidad

Ensayos psicoanalíticos

Buenos Aires: Biebel, 2019

En *Sueño de una noche de verano,* Shakespeare dice que a medida que la imaginación avanza, encarnando en formas desconocidas, la pluma del poeta las transforma en figuras y da a la etérea nada un lugar donde habitar y un nombre. Hay una afinidad entre el análisis y la poesía: ambos requieren de la *capacidad negativa,* "la de un hombre capaz de existir entre incertidumbres, misterios, dudas, sin encarnizarse en el hecho y la razón" (Keats).

"Soñar la realidad" es un intento de pensar que el análisis es no sólo una cura, sino que implica desarrollar potencialidades de la personalidad que necesita de un proceso de simbolización: de una "*transformación onírica*". *Las diferentes perturbaciones de los procesos de simbolización son el hilo conductor de este libro.*

Algunos capítulos contienen ideas inspiradas en el "último Bion", y se refieren al desarrollo de pensamientos y a sus diferentes usos, diferenciación que se hace necesaria para el momento cultural que atravesamos donde el desarrollo tecnológico permite la difusión cada vez más extendida de lo que *parecen pensamientos* y son vacíos publicitarios, modos de inoculación, manipulación y adoctrinamiento.

Los vínculos negativos que Bion describió abren camino para pensar una relación parasitaria manifestada en hipocresía, cinismo y fanatismo. El capítulo dedicado a "Una memoria del futuro" formula una pregunta: ¿podemos considerar la intuición psicoanalítica como una pre-concepción o una "memoria del futuro"?

Un pensamiento sin pensador

Diálogos bionianos

Buenos Aires: Biebel, 2022

Pirandello, en *Seis personajes en busca de un autor*, escribe sobre personajes que buscan un autor para darles vida. Este libro podría tener el título: "Un pensamiento en busca de un pensador". Podemos considerar al *psicoanálisis* como un proceso de transformación en pensamiento onírico. Las transformaciones psicoanalíticas suponen un camino hacia un lenguaje de logro, creativo. El paciente necesita descubrir su personalidad, eso supone una capacidad de pensar. Puede tener pensamientos, a veces no ha llegado a ser un pensador. Bion hizo un fuerte giro epistemológico: los pensamientos existen antes de una capacidad para pensar y estimulan el desarrollo de un aparato para pensarlos. El pensar se desarrolla a través de la mente de un otro, una mente con *rêverie* que recibe experiencias emocionales del bebé y/o paciente, las contiene y transforma para que puedan ser pensadas. El bebé/paciente introyecta una relación *continente-contenido de beneficio mutuo* y adquiere una función que transforma crudas experiencias emocionales para que puedan ser asimiladas por la personalidad. Freud hizo un extraordinario descubrimiento: la comprensión psicoanalítica del inconsciente y de los sueños. ¿Y si un paciente no sueña? ¿Podemos los analistas contribuir a la construcción de un "sueño artificial"? Todo proceso de indagación analítico necesita de imaginación. Si se torna rutinario perdemos el vértice clínico-creativo. La clínica observada desde el pensar y los vínculos aporta instrumentos para desarrollar un análisis con pacientes que carecen de las herramientas mentales para pensar y pensarse. Los capítulos de este libro se ocupan de estas cuestiones.

La dimensión estética de la mente (II)

Cine y psicoanálisis en diálogo

Buenos Aires: Biebel, 2024

"Una característica del objeto estético es su polisemia. Umberto Eco dice que estamos acostumbrados a considerar arte a los objetos que: a) nos obligan a examinar el modo en que están hechos y b) en cierta medida nos dejan inquietos, porque no es tan evidente que quieran decir lo que dicen. La "ambigüedad" no es necesariamente reducible a deformación, a la innovación estilística, a ruptura de expectativas: puede ser eso, pero sobre todo quiere decir "*exceso de sentido*" o "*polisemia*"; ¿o preferimos decir *apertura*?

Según Ingmar Bergman cuando una película no es un documental es un sueño, que va hacia nuestras emociones, profundamente. Si pensamos el cine como una "fábrica de sueños", ¿cómo podría involucrarnos en su "trabajo onírico"?

Soy psicoanalista, llegué al psicoanálisis como un intento de indagación de mí misma. Como psicoanalista también me interesé en el cine como un modo de ilustrar con películas ideas psicoanalíticas, usándolas como si fueran un material clínico.

En este libro mi intención es presentar películas que me han interesado como un arte que refleja profundamente la vida emocional de los vínculos humanos." *Lia Pistiner de Cortiñas*

Bion en Buenos Aires

Seminarios, presentación de casos y supervisiones

Lia Pistiner (ed.), Trad. Elizabeth Tabak de Bianchedi

Buenos Aires: Biebel, 2020

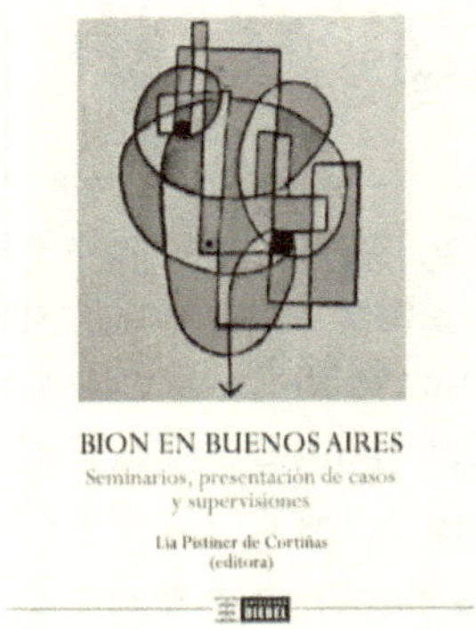

Entre fines julio y agosto de 1968 Bion estuvo en Buenos Aires invitado por la Asociación Psicoanalítica Argentina. En estos seminarios, traducidos al castellano por Elizabeth Tabak de Bianchedi, Bion habló de sus ideas, como aquellas sobre el Místico, el Establishment y el Grupo, que luego fueron publicadas en 1970 en su libro *Atención e Interpretación*. Las cuestiones más significativas que Bion introduce en estos seminarios ubican la teoría y la clínica psicoanalítica en una nueva dimensión, que conserva y refina la mayoría de los valores de Freud y de las contribuciones de M. Klein, tratándolas al mismo tiempo desde otra perspectiva. Así como Freud introdujo la dimensión inconsciente y la relación consciente-inconsciente, Bion desarrolló ideas sobre la relación finito-infinito, la tolerancia a la duda, a la incertidumbre y al misterio. Propuso nuevas ideas acerca de lo que llamó la relación entre la parte psicótica y no psicótica de la personalidad y en la última parte de su obra postuló como objetivo del psicoanálisis, además del conocerse a sí mismo, el devenirse auténtico, el devenirse sí mismo. La riqueza de sus hipótesis, la amplitud de sus teorías y la flexibilidad de sus modelos, agregadas al consejo de instalarse "sin memoria, sin deseo y sin entendimiento" en la tarea de observación e investigación clínica, apuntan a estimular la capacidad creativa de los analistas, como si les dijera "atrévanse a pensar por sí mismos".

Bion habla de las dificultades para expresar ideas nuevas con palabras conocidas y explica que esto lo lleva a veces a introducir términos desprovistos intencionalmente de significado, como alpha y beta, o a utilizar palabras conocidas con significados estipulados por él. Para él la comunicación lateral es muy mala; si el objeto –es decir el paciente– está allí, uno puede señalar esa realidad compartida con el paciente, que está presente en la sesión. En cambio es muy difícil, si no imposible, cuando se trata de transmitir lo que ocurrió en la sesión a los colegas analistas, que no están presentes en ese análisis, en esa sesión, puesto que la experiencia del analista con su paciente es una experiencia emocional única e irrepetible.

www.ingramcontent.com/pod-product-compliance
Lightning Source LLC
LaVergne TN
LVHW090404051026
849518LV00006B/2233
* 9 7 8 6 3 1 6 6 2 7 1 5 5 *